アドラー心理学×幸福学が教える

子どもが
一瞬で変わる
「言葉かけ」

平本あきお　前野隆司

ワニ・プラス

はじめに

子育てをする大人に対して、具体的に目の前にある「悩み」「問題」にどう対処すればいいかというアドバイスは世の中にたくさんあります。テレビ、書籍、雑誌、ネットにはさまざまなアドバイスがあふれており、いかに多くのおかあさんが悩み、「正解」を求めているかがわかります。それらのアドバイスの多くは「対症療法的」です。まさに今、困っているおかあさんとしては、一刻も早く「正解が知りたい！」のですから、当然のことです。

もちろん「対症療法的なアドバイス」がダメだ、ということではありません。

ただ、本書ではもう少しゆったりと考え、長い目で見て対応していくことの大切さをお伝えしたい、そんな思いで、幸福学の前野隆司先生と一緒にディスカッションを重ねました。

病気や体調不良などの問題に直面したとき、「薬を飲む」という選択肢があります。もちろん、どうしようもない頭痛や高熱のときに「薬を飲む」ことが必要なことがあります。一方で、ふだんから頭痛や体調不良が起きにくい身体になるような生活をしよう、そのために食生活を見直したり、運動習慣をつけたりしてみる、そんなアプローチがあります。「対症療法的」なアプローチに対して、「本質的かつ予防的」なアプローチと言ってもいいかもしれません。

アドラー心理学と幸福学をベースに子育てを扱った本書は、本質的解決を目指す「予防」を重視しつつ、目先の問題にどう対処したらいいかの実践的な具体例を豊富に掲載しました。どういうことでしょうか。この本では、たとえば、「今大泣きしている子どもにどう話しかければいいのか」といった事例に対するアドバイスもします。これは「対症療法的」な処方箋に見えるかもしれませんが、実は「その場をなんとかするだけ」「泣き止ませること」を目的にはしていません。おかあさん、おとうさん自身に「なぜこの言葉が必要なのか」「その言葉に副作用はないのか」ということを考えてほしいのはもちろん、その処方箋が、目の前の問題解決をしながらも、子どもの「体質改善」になること、つまり、子どもの幸せにどうつながっているのか、その秘訣やカラクリを知っていただきたいと願って本書は構成されています。これは子どもだけではなく「親自身の体質改善」、つまり、大人の幸せにもつながる内容ばかりです。

子育て中のおかあさんやおとうさんは、とても頑張っています。イライラしたり頭に血が上ったりすることだって、しょっちゅうかもしれません。しかし、それを否定したり、罪悪感を感じる必要はありません。あわてて薬を飲んだりする必要もないのです。

ちょっとした言葉かけの工夫や気づかいによって、自分自身や子どもの気持ちを落ち着かせ、その場限りではない、本当の心の健康と幸せな毎日を手に入れることができます。

アドラーは子育てのゴールを2つ挙げています。それが「自立」と「協力」です。

「自立」とは、「自分がしたいことにチャレンジしつつ、それに伴う結末を引き受けられるようになること」です。親やまわりの大人は、子どもがその力と判断力を得ることができるようにサポートします。やりたいことをすることで、本人にとって望ましい結末もあれば、思い通りでないことが起きることもあります。そのときに、結果がどうであれ、ときには人の助けも借りながら、対処していこうとする「勇気がある状態」を「自立」と言います。

もっとシンプルに言うと、「やりたいことがあるときに、チャレンジしようと思える」。まずは、そんな心の状態が自立への第一歩と言えます。

もうひとつのゴールである「協力」とは、ものの見方・考え方が違う人たちと折り合いをつけながら、お互いに気持ちよく過ごせるようにしようということです。まわりの人に遠慮して自己犠牲やガマンをするわけでもなく、自分の考えや気持ちだけを押し通すわけでもなく、お互いの考えや気持ちをテーブルの上に置いて理解し合おうとする、それが「協力」の姿勢です。それは、本人がやりたいことと、相手がやりたいことの両方を大切にする姿勢です。

歴史上の有名な心理学者であるフロイト、ユング、アドラーの中で、アドラーは子どもの教育に一番力を入れていた人です。フロイトは神経症に関して、ユングは統合失調症などの幻覚・幻聴に関して、そしてアドラーは非行少年との関わりの研究に注力していました。

当時、非行少年が非行に走ってしまうのは、少年自身がおかしいことが理由なのではないかと一般的には考えられていました。しかしフロイトは、少年の非行は社会が原因だと考えました。自分のやりたいことに対して、まわりから邪魔されたり反対されることばかりで、他人と一緒にいることがしんどいという、その葛藤に注目したのです。さらにユングは、人の考えや意識を超えたもっと大きな存在に委ねたほうがうまくいくと考えました。

さて、アドラーはどう考えたのでしょうか。少年が非行に走ってしまうのは、少年がおかしいからではなく、かといって社会が間違っているというわけでもなく、それぞれの人が健全に自分や他人や社会との関係を持てるようになれば、非行もなくなり問題が解決していくと考えました。

ここで言う「健全」とは、自分がやりたいことや大切にしたい思いがあって、かつ、それを無理に押し通すのではなく、他者との協力関係を築きながら実現していくことを指します。その「健全な関係」をつくるには「共同体感覚がある」ことが重要だとアドラーは言っています。少し難しい言葉に感じるかもしれませんが、ぜひ覚えていただけたらと思います。この共同体感覚とは、「自己受容・他者信頼・貢献感」を感じることができていて、幸せのベースになるような感覚です。

自分は、自分らしくていい、うまくいっているときも、ときには失敗したとしても、そんな自分も好きで受け入れられている感覚が自己受容です。他者信頼とは、まわりの人に頼ってもいいと思えたり、まわりの人がたとえ失敗したとしても、それも含めてひとりの人間として尊重できる、そんな感覚です。そして、自分には家庭や学校や職場などで役に立てることがあって、居場所を実感できている、それが貢献感です。

「共同体感覚」があると、子どもも大人も、十分に安心感や安全性を感じることができます。そして、その感覚がベースにあるからこそ、自信を持ってチャレンジすることができ、失敗しても大丈夫だと自分を信じることができます。

アドラーが目指していた社会は、前野隆司先生の研究テーマである幸福学とも深く関わっています。前野先生の幸福学の研究では、「幸福の4因子」である、①やってみよう因子(自己実現と成長)、②ありがとう因子(つながりと感謝)、③なんとかなる因子(前向きと楽観)、④ありのまま因子(独立とマイペース)が、人の幸福度を高めるということが実証されています。

まさしく、アドラーが提唱していた「自立」と「協力」をゴールに子育てをして、大人も子どもも「共同体感覚」を育んでいくと、みんなの「幸福度」を上げることになるというわけです。

本書では、幸福学の観点からの解説もたっぷり掲載しましたので、「幸せ」についていろいろな視点から学ぶことができるでしょう。

子育ては、おかあさんやおとうさんの思い通りにならないことも多く、苦労ばかりです。でも、この本に書いたように「体質改善的」な方法で子どもに関わることができれば、大人も子どももきっと幸せになれます。共著者の前野隆司先生と、たびたび話題にしていたのが、「世の中のおかあさん、おとうさんにまずは幸せになってほしい、幸せを実感する毎日を過ごしてほしい」ということでした。子どもの幸せを願う人ほど、自らが幸せになる努力をしていただきたいと思います。

本書では前野先生のパートナーの前野マドカさん、小学校教師のアドバイザーとして全国を飛び回る梶谷希美さん、書道教室を主宰し、子どもや親御さんたちと深く関わる武田靖子さん、子育てをしながら働く女性スタッフの星野由紀さんと中田久美子さんにもコメンテーターとして参加してもらい、教育や家庭など現場での取り組みや事例を数多く挙げてもらいました。そこにアドラー的解釈を追加し、私が代表して本文にまとめ、さらに各章の最後に前野隆司先生から「幸福学から見たポイント」を加えていただきました。そして、「デンマークの幸せな子育て」について、ニールセン北村朋子さんに座談会形式でお話を伺い、第5章にまとめました。

この本が、子育てにたずさわるすべての方の幸せにつながりますように。日本が、大人も子どもも幸せに過ごせる社会になることを願いながら、あなたの元へお届けしたいと思います。

2022年12月

平本あきお

第1章　おかあさんの幸福と子どもの幸福

第2章　「しつけ」っていったいなんだろう？

第3章　子どもの「困った行動」どうすればいいの？

第4章　子どもの話をちゃんと聞くために

第5章　【座談会】デンマークの幸せな子育てに学ぶ

第 1 章

おかあさんの幸福と子どもの幸福

学校から電話がかかってくることが怖い！

学校から電話があって、ドキッとした経験がある方はいらっしゃいませんか？

学校の先生は一般的に「何かあったときにだけご家庭に電話する」というスタンスを取っています。要するに、**「悪いことがあったときにしか電話をしない」**のです。「今日はお子さん、とても頑張っていましたよ」という電話をおかあさんにわざわざかけてくれたりはしません。

ですから、勉強ができる、できないにかかわらず、「何かしら問題を起こしていないだろうか」ということを、親は常に気にしたり心配したりするようになってしまうのです。

幼稚園・保育園時代には、送り迎えのとき先生と親が顔を合わせるので、「昨日はこれができるようになりましたよ」「楽しそうにしてましたよ」といった、ポジティブな報告を親はたくさん受け取ることができますが、送り迎えがなくなる小学校の場合、学校は「悪いこと」があったときだけ連絡することになってしまうため、気をつけないと、先生と親は、自然ないい関係を築きにくくなってしまいます。

そしてある日、こんな電話が学校からかかってきた場合、おかあさんはとても動揺します。子どもが友だちにケガをさせてしまった、学校の備品や設備を壊してしまった、万引をした、といった「事件」が起きたときです。事件の原因は、いじめが背景にある場合、親が気づかないうちに子どもが大きなストレスを抱えている場合、あるいは忙しい母親の関心を引きたい気持ちが子どもの心の奥底にある場合など、さまざまなものが考えられます。

いずれにせよ、おかあさんはとにかくビックリして、どうすればいいのか、何がいけなかったのかと思い悩みます。そうしたおかあさんたちの相談に乗るときに、具体的なアドバイス以前に気になるのは、おかあさんたちが「対外的なこと」をとても気にされている傾向です。

もちろん子どものことは心配しているのですが、場合によってはそれ以上に「自分の教育が間違っていた」と周囲から批判されてしまうのを恐れて、大変な不安に襲われてしまうのです。

その結果、電話を切ったとたんに子どもに「あなた、なんてことしたの！　学校から呼び出されちゃったじゃないの」といきなり叱る。不安や恐怖感の裏返しから、そのまま子どもを叱ってしまうのです。いきなり叱られた子どもは傷つき、また同じようなことを繰り返すという悪循環が生まれてしまうこともあります。

「子どもがよくないことをしたのは私が悪いからだ」「私の育て方が悪かったのだ」「全部私の責

任だ」と考えるのは**「自罰」**です。自分のことを責めて後悔に駆られます。一方で「そんなはずはない」という弁解を考え、「私は悪くない」「ほかの誰かが悪い」という**「他罰」**に発想が転換していくこともあります。「子どもが悪い」あるいは「私は頑張ってきたのに、夫がダメだから……」など、まわりの人のダメなところを見つけて責めてしまうわけです。

「学校から電話がかかってきた」という段階でショックを受けてしまい、「自分が責められ、罰せられている」気持ちになってしまうのかもしれません。さらに「友だちのおかあさんからも親の教育が悪いと思われる」と、いわゆる世間体を気にする気持ちになってしまうのも、とてもよくわかります。

けれど、おかあさんが落ち込んでも、目の前の問題は何も解決しません。

こんなときは、まず、大きく深呼吸をしながら伸びをして、自分の気持ちを吐き出してみましょう。**「あぁ、ビックリした！」「どうしよう！　あせっちゃうよね！」**。そんな今の気持ちを、まずは、自分自身で受け止めてみるのです。

そして、少しでも気分が落ち着いてから、自分の子どもや関係者それぞれの話をよく聞き、「解決方法を一緒に考えよう」という気持ちで臨んでみるといいでしょう。

子どもの言い分を聞くときは、先生やほかの人から聞いた話はいったん脇に置いて、なるべく先入観を持たずに、「**友だちを叩いちゃったって、先生から聞いたんだけど、そうなの？　どんなことがあったのか教えてもらえないかな？　もしよかったら、これからどうしたらいいか一緒に考えよう**」。そんなふうに話を聞いてあげてほしいのです。

もしかしたら、子ども自身も、何かでショックを受けていたり、感情的になって、なかなか言葉にできないかもしれません。そんなときは、急かさずにじっと待ってみることも必要です。言葉でも、態度でも、「**あなたの味方だよ**」ということが伝わることで、相手も信頼して話してくれるようになります。

こんな言葉で伝えよう

✕ とにかく謝りなさい！

〇 どんなことがあったの？　どうしたらいいか一緒に考えよう。

「誰が悪いか」を探さない

アドラーは「誰が悪いか」という発想をしませんでした。

「自分の子どもが学校で友だちにケガをさせてしまった」というトラブルがあった場合を考えてみます。この場合の当事者、関係者は「子ども、自分、友だち、友だちの親、学校」などです。

誰が悪かったのかという「犯人探し」をせず、当事者と関係者が全員で話し合い、それぞれの立場をテーブルに乗せてから最善策を協議して解決しようというのがアドラーの考え方です。

「ケガをした友だちの気持ちと、どうしてほしいと考えているか」「ケガをさせてしまった子どもの理由と、どうやって解決したいか」「壊してしまった子どもの親はどういう気持ちで、どうしたらいいと考えているか」「学校は何を心配し、何を解決すべきだと考えているのか」。

そして「子どもの親である自分自身はどうしたいのか」などを、まずはフラットな状態で列挙して、すり合わせていくという方法論です。

大事なのは、**全員の気持ちや意見を尊重して、先入感や判断はいったん脇に置いて並べてみることです**。それらをみんなで眺めながら、当事者も含めて、解決策を一緒に考えて相談します。

そんなふうに感情や意見を出し合っていると、気が合って絆が深まる人同士もいれば、根底にある考え方の違いが浮き彫りになってくることもあります。もし、考え方の違いが明らかになった場合には、無理に仲よくする必要はありません。それぞれの心地いい距離感でのつき合い方を相談して決めていくということが解決方法になるかもしれません。

もっとおかあさんは自分をねぎらう必要がある

いつの間にか、自分にダメ出しをしていることはありませんか？　子育ては、「初めて」の連続で、正解がない世界です。自分の思い通りにいかないことも多く、「もっとうまくやりたいのに、どうしてできないんだろう」と自分にがっかりしてしまうこともあるかもしれません。

仕事をしているおかあさんから聞こえてくるのは「私が仕事を続けているせいで子どもに目が届いていない」、専業主婦の場合は「仕事をせずに家庭に専念しているのに、子どものことをちゃんと教育できていない」、そんなふうに自分を責める言葉が、自分を苦しめてしまうことはないでしょうか？

「おかあさん」「おとうさん」という役割についたとたん、「育児」や「家事」はやって当たり前のことで、世間から「うまくできた！」と褒められたり、認められることはほとんどありません。

ですから、もし、パートナーがいる場合は、お互いに些細なことでも、ねぎらいや感謝の言葉をかけ合ってみてほしいのです。「**私たち、頑張ってるよね**」「**慣れないことも多いけど、なんとかやれてるよね**」。そんなふうにです。もし、パートナーがいなくて、ひとりで子育てしている方は、セルフケアという意味合いで1日の終わりに自分自身に声をかけてあげてください。**「私、頑張ってるよ」「いつも大変だよね、ありがとう」**。そんなふうにです。

もし、パートナーに、「今日うちの子、国語の時間楽しそうだったって」「掃除もちゃんとやったって」「私もキッチン掃除したのよ」などと言ったときに、「ふーん」で終わってしまったらどうでしょうか。相手がそんなふうに話しかけてきたときには、ねぎらうチャンスだと思って、少し大袈裟でもいいので、「それはよかったね！」「すごいね！」「ありがとう！」そんなひとことを表情やジェスチャーも交えて伝えられたら、家庭はほっと安心できて楽しい雰囲気にどんどん変化していきます。

ちなみに、日本人の男性は海外の男性に比べると、妻を褒めることが非常に少ないように感じます。そして、仕事に打ち込んでいる人ほど、指示・命令の口調が板についてしまっています。子どもに何かあれば「いつも見ててわからなかったのか」「ちゃんと見てやってるのか」と、相手に寄り添うよりも、つい叱責してしまう。これではパートナーはストレスがたまってしまいます。

そんなふうに、自信が持てずにストレスを抱え続けるおかあさんやおとうさんの一発逆転は、**「子どもが評価されること」**になってしまいがちです。子どもの成績が一番になった、運動会の徒競走で一等賞になった、学園祭で主役に抜擢されたなんてことがあると、周囲のおかあさんたちに褒めてもらえて嬉しい。そのこと自体は喜ばしいことなのですが、もし、親自身に自信がなく、自分のことを認めてもらえないと感じているままだと、子どもの成績が悪くなったり、問題を起こしたとたんに、自分やパートナーを責めてしまい、感情が急降下してしまいます。

いいことは受け入れられるけれども、ダメなことは受け入れられない「**いい子だけを愛する条件つきの愛情**」に陥ってしまうのです。

子どもの問題や課題を受け入れられない、イライラする。そんなときは、おかあさん、おとうさん自身が、**自分に優しい言葉をかけたり、自分を大事にしてみる。**自分の心に余裕ができると、子どものことも少しずつ受け止められるようになっていきます。

こんな言葉で伝えよう

✖ 専業主婦なのにちゃんと子育てができていない。

✖ 仕事をしているから子どもに目が届いていない。

○ 私は十分すぎるくらい、毎日頑張っている！

「いい話」は伝わりにくく、「悪い話」はすぐに広まる

学校の先生との関係に悩むおかあさん、おとうさんも少なくありません。ともすると、「協力関係」ではなく「敵対関係」になってしまうことがあります。

「うちの子は先生の言い方が悪いと言ってます」と言うおかあさんがいたとしましょう。もし、それが事実であったとしても、先生も子どもも、居心地の悪いまま過ごすことになってしまいます。ときにはお互いが悪いところを指摘し合って「先生が悪い」「おかあさんの考え方もよくない」といういがみ合いに発展してしまうケースもあります。でもこれでは誰ひとり幸せになれません。おかあさんも、子どもも、先生も、みんなイヤな気持ちを抱えたままの学校生活が続いてしまうだけで、誰もが損することになってしまうのです。

では、限られたシチュエーションでしか会話の機会がない先生と親は、どのような関係を築いていったらいいのでしょうか？　実は、誰でもやってみようと思えばできるレベルの会話で、「うまくいった」ケースがあります。

子どもが通う小学校でＰＴＡの活動をしているおかあさんから聞いた話です。

ＰＴＡの役員はいわば先生と親の間に立つ立場で、「親が直接先生に言いにくいことを、ＰＴＡの役員から伝える」というようなことも役割のひとつでした。

先生は家庭に「何か問題が起きたときだけ連絡してくる」ことが多いのですが、こういう場合もやはり、「親の苦情」「文句」ばかりを先生に伝えることになりがちです。せっかく伝える機会があるのにもったいないと思いました。

そのとき私が心がけたのは、「いいこと」もちゃんと伝えようということでした。いざ「報告」となると、「苦情」ばかりになってしまうことが多いのですが、その会話の前後に、「何人ものおかあさんから、『うちの子が○○先生の理科の授業はすごく面白いと言ってます』という話を聞きますよ」というような、ちょっとしたいいことを先生に必ず伝えるように心がけたのです。また逆に親側に話を聞く際には、「○○先生が、○○くんは4年生になってすごく責任感が出てきて頼もしいって嬉しそうにお話しされてましたよ」というふうに、それぞれのいいところや好意、感謝の気持ちなどを橋渡しするようにしていました。

それで少しずつですがＰＴＡと先生たちの関係がよくなっていって、お互いに感謝を伝え合うことが当たり前の空気感になっていったんです。親と先生の関係がいいと、子どもたちは安心できて、のびのび過ごせるようになるので、結果的に子どもたち同士の関係にもいい影響を与えていたように感じます。

これは、子ども同士でも同じことです。**「いい話」は意識的に伝えないとなかなか伝わらず、「悪い話」はあっという間に広がってしまうという性質があります。**

日頃からどうも仲が悪いA君とB君、先生が両方に話を聞いたとします。A君はB君の悪口を10も20も並べ立てる。しかし先生が「そう思うんだね。ちなみに、B君のいいところって、どんなところ？」と促すとひとつくらいは出てきます。その「ひとつ」を先生がB君に伝えると「そんな悪いヤツでもないかも！」と思うようになる。

そして少しずつお互いの「いいところ」を認め合う関係に近づいていくのです。「あいつは、ダメでムカつくヤツ」とだけ思っているよりも、「あいつはムカつくところもあるけど、いいところもあるんだよな」。そんなふうに思えるようになったら、そこから、いい関係をつくれるようになっていくのです。

こんな言葉で伝えよう

✖ 先生の○○はダメだと思います。改善してください。

○ 子どもが「先生の授業は○○が面白い」と言っていました。

おかあさんの幸福感が高ければ過干渉にはならない

子どもへの関わり方の問題のひとつとして「**過干渉**」があります。

過干渉は「**上から過干渉**」と「**下から過干渉**」に分けられます。上からの目線で子どもを思う通りにコントロール、管理しようとするタイプと、なんでも子どもの言いなりになってしまうタイプ。その動機がおかあさん自身の自信のなさだったり、コンプレックスだったりすると、親も子も、結果にばかり振り回されてしまうし、何かに取り組んだ場合に、子どもも「自分で選んだ」という自信を持ちきれず心から楽しめなくなります。

「なんのためにやってるのかわからない」「親が言うから」「怒られるから」と子どもの気持ちが後ろ向きになっていってしまいます。

子どもが小さい頃、赤ちゃんや乳児のときは、大人に放っておかれたら生きていけません。おかあさんやおとうさんが、「お腹空いてるかな?」「寝心地はどうかな?」「汗をかいてないかな?」「今日の排便から体調はどうだろう?」と些細なことも気にしながらお世話をしてあげる必要があります。これは、過干渉ではなく、「必要なケア」ということになります。

しかし、子どもが成長するに従って、自分でやってみたいという意志が芽生え、自分でできることも少しずつですが確実に増えていきます。そうです、「イヤイヤ期」や「反抗期」ですが、アドラー心理学では、「**自立期**」と言っています。自立期は、「自分でやりたい」「自分で決めたい」という気持ちは強いのに、なかなかうまくできなかったり、思い通りにいかなくて、本人の機嫌が悪くなったり、周囲に八つ当たりすることも増えます。

そのときに、まわりの大人が見守りつつも口や手を出しすぎずに、子どもが自分で試行錯誤しながらも、これまで助けてもらっていたことを自分ひとりの力でやってみることで、大きな自信、つまり、**自己肯定感**や**自己効力感**につながっていきます。年齢が上がってきたら、初めてのことに自分の意志でチャレンジしてみて、ときには失敗することも大切な経験です。

そのときに、親が自分の思い通りにコントロールしたい、失敗したら不安だというように、自分の安心感のために子どもに過度に関わるようになってしまうのが「過干渉」です。

その場合には、「**子離れ**」する必要があります。子離れというと寂しい感じがするかもしれませんが、赤ちゃんと母親のような密着した状態から、だんだんとひとりの人間同士として尊重し合える関係に変化していくということ。要は、距離感が変わってくるということです。

その時期になったら、おかあさんやおとうさんも、「**自分の人生でどんなことをやってみたかったかな?**」「**好きで熱中して取り組んでいたことは何だったかな?**」「**なんでもできるとした**

らどんなチャレンジをしてみたいかな？」「今から少しでもやれそうなことはないかな？」と自分の人生について考え、必要に応じて見直し、子ども中心のライフスタイルから変化させていくことがうまく対応するためのコツです。過干渉になりがちなおかあさんが、本書のような本を読んで「もっと子どもに関わる方法＝干渉する方法」を学ぼうとしているなら、まずこの本を放り出して、おかあさん自身が「自分の好きなこと」にどんどんチャレンジすることをお勧めします。旅行でもいいし、スポーツでも、ダイエットでも、資格を取る、でもなんでもいいのです。

実は、反抗期の過干渉のこじれは、親が自分の人生を生きることで解消され、いつの間にか子どもの問題がよい方向に向かうことも多いものです。

仕事が忙しいおかあさんこそ自分を責めないで

忙しく第一線で働き続けるおかあさん、おとうさんは、常に優先順位の最上位に「子ども」を置くわけにはいかないことがあります。子どもへの愛情や思いがあったとしても、特に組織の中で責任ある立場にあるおかあさん、おとうさんなら、なおのことです。

なんとか時間をやりくりして頑張っていても、ときには「ああ、子どもがいなければもっと活躍できるのに……」「思いっ切り仕事がしたいのに……」とため息をつくこともあるでしょう。

ふだんから「子どもにガマンさせている」ことを気にしながら、「子どもがいなければ」と思ってしまう自分に罪悪感を抱いてしまう。パートナーがあまり育児に協力的ではない場合は、特に追い込まれてしまうでしょう。こんなにつらいことはありません。

しばらく休職して、育児が一段落したら復職すればいい、キャリアをまた築けるのだから、今は子どもを優先して、と言うのは簡単です。

一度中断したキャリアを築き直すのはそう簡単なことではないし、不安感や失望感ばかりが大きくなり、最終的に「あなたが生まれたので私はこの仕事をあきらめたのよ!」といった言葉を、子どもに投げかけてしまうことにもなりかねません。

相談にみえる人の中に、母親のこうした言葉が、成長してからも「**しこり**」「**トラウマ**」になっているケースはよくあります。

責任感の強いおかあさんほど、仕事と育児の板ばさみになって苦しみます。

「自分でなんとかしなくては」と思いつめたあげくに「自分が悪い」と自分を責めるのが一番よくありません。客観的に見たら「よくそんなに頑張っていて病気にならない」「本当によく頑張っている」という状態なのに、親自身は「でも、仕事も育児もちゃんとやっている人は多い。自分がダメなのだ」と思い込んでしまう。

「ちゃんとやっている人」というのは、ほとんどの場合、非常に上手に周囲の助けを借りています。もちろん経済的な状況によっても違うでしょうが、ベビーシッターさんや家事代行などを頼む、家事を省力化するための電化製品や商品を取り入れる、親やきょうだいの助けを借りる、ママ友とお互い協力し合う、といったことをしているのです。会社の上司や同僚にも日頃から事情をきちんと話して、迷惑をかけるかもしれないことも事前に話しておくという準備ができている。職場ではふだんから感謝やねぎらいの言葉を自分からかけて、自分にできる貢献を惜しまないなどです。

会社の支援制度があればそれを利用し、自治体の子育て支援も調べて利用を検討することも必要なときがあります。最初から「どうせ助けにならない」「かえってめんどう」「忙しくて相談に行くヒマもない」と考えず、こうした情報収集に時間を取ってみることで、結果的には楽になることも多いはずです。

そして、もうひとつ。さらに重要なことをお伝えします。仕事をしていて実績もあるおかあさんやおとうさんが、ついやってしまいがちなことがあります。それは「子育てと仕事」「子どもと大人（上司や同僚）」を、つい同じように見てしまい、思い通りに動かない子どもにイライラして指示・命令したり、思い通りにいかない育児を過度にプレッシャーに感じたりしてしまうのです。

子育ては、思い通りにならないことばかりですし、慣れたと思ったら次の成長がやってきて、変化の連続です。そんな変化に追いついていけない自分にイライラしてしまうこともあります。でも、「こんな子育てライフを過ごせたらいいな」「こんな親でいたい」「こんな子に育ってほしい」など、中心となる価値観を大切にできていたら、細かいことはあと回しにしたり、大目に見ても、子どもは十分に育っていきます。そして、考えてみてください。何よりも大切なのは、指示・命令通りに、親の思い通りに子どもが動けるようになることでしょうか？　それとも、その子らしく、自立して幸せに生きていけることでしょうか？

実は、自分のことを大切にして尊重できる人のほうが、人のことも大切にして尊重できます。**子どもに対して、イライラして指示・命令が増えているときは、もしかしたら親自身が、自分の思い通りにできなくて、ストレスがたまってしまっている時期なのかもしれません。**

もしそのことに気づいたら、まずは、自分自身のストレスを解消したり、自分の価値観を満たすような活動、例えば、お気に入りのカフェにちょっとだけ寄ってみるとか、好きな本を読むとか、ときにはパートナーやまわりの人の助けを借りながら、自分ひとりの時間を優先することが必要なタイミングだと考えてください。

仕事に子育てに頑張っているおかあさん、おとうさんが、自分自身にしてほしいプレゼントは、案外、高級なものなどではなく、「**自分が自由に使える時間**」なのかもしれません。自分を自分で大切にできて、愛している実感が持てるようになると、子どものことも愛おしいと思えてくるものです。そして、自分への愛情は、「些細だけど自分にとって大切なこと」を少しでもやってみたり、「本当はどうなったらいい？」をイメージして大切な思いを確認する時間を取ってみる、そんなことだけでも満たしていくことができるものなのです。

また、もし、自分自身で自分の感情や思考がわからなくなってしまったときは、ただつらつらとノートに書き出してみたり、ときには安心できる友人や知人など、人に話を聞いてもらうのもいいでしょう。そのときは、性急《せいきゅう》なアドバイスを求めず、静かにゆったりと話を聞いてもらえるようにリクエストしても大丈夫な相手を選び、素直に自分の心に向き合ってみましょう。

疲弊してしまっている自分や、ガマンしている自分に気づいてあげることから始めてください。それが、あなたやあなたの家族にとって大切な一歩となるはずです。

子どもの欠点より小さないいことを探す

おかあさん、おとうさん自身が幸せを感じ、自己肯定感を高めるヒントをご紹介しましょう。

それは、**「なにげない日常」の中で幸せのタネを見つけたら、そこに注目してみること**です。

あなたは、どんなときに「あぁ、幸せだなぁ～」「わぁ、素敵だなぁ～」「嬉しいなぁ～」「うわぁ、感動した！」。そんな気持ちを感じるでしょうか？　子育てをしていると、日常の中に小さな幸せがたくさんあります。忙しい毎日の中で、見逃しがちになることもありますが、そんな時こそ、1秒でも2秒でもいいので立ち止まってみてください。自分のいいところをちゃんと自分で認める「**自己承認**」、そして自分にはできないこともあるけれど、そんな自分もいいよね、と思える「**自己受容**」。

この第一歩は、自分は「何が好き？」「何が嫌い？」「自分らしさって？」「こだわりは？」など、自分のいろいろな感情や想いに気づいて、それらを認めていくことです。おかあさんやおとうさん自身が、それぞれの自分らしい幸せに気づいて、その瞬間を大切にできると、子どもの幸せにも気づけるようになります。自分を大事にできると、まわりの人を大事にできるようになるんですね。そして、大人が、自分らしさを受け入れていて、それこそ、自分のダメなところや失敗しちゃうところも含めて、「こんな自分も好き」と思えていると、子どもも、「**こんな私でも、居ていいんだ**」「**どんな自分でも愛されていいんだ**」と居心地のいい安心感を感じることができるようになります。

おかあさんやおとうさんと話していると、「優しい子に育ってほしい」と言う方が多くいらっしゃいます。実は、これまで話してきたような「自己肯定感」と「自己受容」の両方を感じられていると、自分の気持ちを大切にしながら、まわりの子の気持ちも考えて行動できるようになっていきます。

ここまで読んでいただいて、お気づきの方もいらっしゃると思いますが、まずは**大人が自分自身の自己肯定感や自己受容感を育むこと、それが子どもの笑顔につながっていくのです。**

毎日の「幸せのタネ」は、本当に些細なことで構いません。「街路樹が色づいてきれいだな」でも「掃除をしてスッキリして気持ちいい！」でも「仕事を切り上げて早く帰ってこれた！」でも、なんでも大丈夫です。そして、そのように「幸せのタネ」を探しているときに、ふと、「この子なりに、テストの勉強、頑張ってるな」というふうに思えてきたら、「**〇〇が頑張ってるのを見て、おかあさんもお仕事頑張ろうって思ったよ**」とか、「**手伝ってくれて、すごく嬉しい**」など、子どもに対しての「ありがとう」の気持ちを言葉にしてみてください。

そのときのポイントは、**子どもが頑張っていることや、してくれたことに対して、おかあさんやおとうさんにどんなプラスの影響があったか、その気持ちを添えて伝えること**です。

こうしたやり取りの効果は、母親と先生、ママ友同士、会社の上司と部下など、すべての人間関係に当てはまります。

「**マインドフル**」という言葉をあなたも聞いたことがあるかもしれませんが、まさしく、大人がいい心の状態で、ゆったりと周囲の変化に気づいている、そんな心の状態でいられると、子どもにもそれが伝わって、１日を健やかに過ごすことができるのです。

視点を変えれば欠点も長所

どうしても親は子どもの「欠けた部分」を気にします。丸いお皿のふちが少しでも欠けていると、そこばかりがどうしても気になってしまって、その欠点をなんとか直そうと懸命になってしまう。先生や周囲の人からも、「あの子のここがダメだ」と指摘されるようなことだってあります。そうすると、子どもの将来にとって欠点を直すことがいいことだと思ってしまうんですね。しかも子どもの欠点が「私の欠点に似てしまった」と感じた場合、ますます気になってしまうこともあります。

親が、子どもの欠点に目が行ってしまうとき、どうしたらいいのでしょうか？　実は、性格というのは、コインの表裏のように、欠点、つまり**短所と長所はセット**になっています。どんな欠点でも、プラスの側面がありますので、そちらに目を向けていく練習をしましょう。

なぜ、わざわざ、練習してでもプラスに目を向けたほうがいいのでしょうか。その理由は、どんな属性であっても、「**プラスのラベル**」を貼っておいたほうが、使いこなせるようになるからです。例えば、おとなしい子に対して、「**消極的**」だというネガティブな言葉のラベルを貼ってしまうと、どうでしょうか。「消極的なのはダメだから積極的にならないといけない」とか「消極的な性格を直さなければいけない」と思ってしまうのではないでしょうか。そうすると、その子は、無理矢理に頑張って、積極的な振りをしてみたり、「どうせ自分は消極的だから」とすぐに諦めがちになってしまうかもしれません。

もし、同じおとなしい子に対して、**「冷静」**とか**「おだやか」**というラベルを貼ってみたとしたら、どうでしょうか？　すると不思議なことに、「冷静」や「穏やか」というその子らしさを生かしてどうにかしてみようと、工夫できるようになっていくのです。**アドラーは、「生まれ持ったものをどう生かすか？」が大事だと言っていました。**欠点だと思っていた性格も、少し視点を変えるだけで、「その人らしさ」として輝かせることができるのです。

このように、欠点だと思っていたことをプラスの側面で言い換えることを、専門用語で**「リフレーム」**と言います。子どもたちと一緒に、「リフレーム」して、ゲームのように楽しむこともできます。

大喜利のように盛り上がりながら、欠点だと思っていた性格が、「自分らしい素敵なところなんだ！」と思えるようになる楽しいゲームの時間になります。

おかあさんが「自分の欠点」と思う部分も視点を変えてみてください。

いくつか例を挙げてみましょう。

消極的⬇冷静

落ち着きがない⬇行動的

怒りっぽい⬇自分に正直、率直

計画性がない、せっかち⬇行動が早い、決断が早い

気が利かない⬇のんびり、おおらか

記憶力が悪い⬇過去にとらわれない

頑固⬇意志が強い

落ちこみやすい⬇繊細

だらしない⬇いつもリラックスしている

考えが浅い⬇楽天的

他人の言葉を気に病む⬇人の話をよく聞いている

文句ばかり言う⬇細かいところに気がつく

理屈っぽい⬇論理的

協調性がない⬇オリジナリティがある

友だちが少ない⬇ひとりでも楽しむことを知っている

すぐまわりが見えなくなる⬇集中力がある

この「リフレーム」という考え方ができるようになると、いろんな人に凹凸《おうとつ》のあることが、とても楽しく豊かなことに思えてくるから不思議です。そして、「ダメなところばかりの子」だと思っていたのが、「案外、いいところがある」に変化し、いつの日か「長所ばかり、個性的で素晴らしい」と思えるようになっていきます。

そのためには、最初は、少し練習が必要です。「欠点」に目が行ってしまったときには、「こんな欠点ばかり見てしまう自分はダメだ」と自分を責めたりしないで、「しめしめ、この欠点は、どんな長所の裏返しかな？」とリフレームをゲーム感覚で楽しんでみてください。

こんな言葉で伝えよう

✖ 消極的なところを、直したほうがあなたのためよ。

○ 冷静に考えながらやれてるね。

おかあさんの夢を子どもに語ろう

おかあさん、おとうさんたちは毎日、やることが多くて忙しい。目の前のことをこなすだけで精いっぱいです。仕事の段取りや書類の提出、献立を考えて、日用品の買い出し、掃除洗濯、子どもの送り迎えなどのスケジュールで頭がいっぱいになることも日常茶飯事です。

たまに友だちとお茶を飲みに行くことくらいはできても、「自分自身の大切な価値観」「将来の夢」となったら、「今はそれどころじゃない」「老後ヒマになったらゆっくり考えよう」としか、頭に浮かんでこない人も少なくないでしょう。

でも、本当は、誰だって「価値観」を大切にしたり、「夢」を持ち続けることこそが、今の幸せのために大切なのです。「これが私の夢」と意識し、それに向かって毎日、ほんの少しでも小さな努力をすることや、「これが私の価値観」と意識し、少しでもそれを満たす工夫をしてみることで、誰でも自分らしい幸せを実感できたり、日々の成長を感じることができる。それが満足感や幸福感につながります。

それをぜひ子どもに話してあげてほしいのです。例えば「イタリア語を勉強してローマに留学したい」「絶景を見に海外旅行に行きたい」「昔やりたかったテニスを始めてみたい」「バイクの免許を取りたい」「小さくていいから雑貨屋さんを開きたい」とか、なんでもいいのです。

親自身が「こうなりたい」「これをきっと実現したい」という目標や価値観を大切にしていると、「子どもにどうなってほしいか」を押しつけるのではなく、「あなたはどんな人生を送りたい？」と相手の目線やその子らしい幸せを一緒に考えやすくなります。

子どもにとっては親が喜んでくれる、褒めてくれることもモチベーションになりますが、**「うまくいってもいかなくても、ちゃんと認めてくれること」**のほうが大事です。つまり愛してもらっていることを求めているのです。「褒められること」だけが目的になってしまうと、「自分で決める」「自分のためにやる」ことが大切なのだということを学びそこねてしまいます。

失敗したとき、本人の思い通りにいかなかったときこそ、人として成長するチャンスがあります。一緒に悔しい気持ちや残念な気持ちを味わい、その気持ちを受け止めることができるようにサポートしましょう。

こんな言葉で伝えよう

✖ 忙しくておかあさんは何もできない。考えてもしょうがない。

○ いつか必ずおかあさんは世界一周の旅に出るからね。

「ヨコの関係で話し合う」意思決定が幸せを方向づける

親の幸せが子どもに影響を与える、ということについてもう少し考えてみましょう。

アドラーの観点から言うと、２人以上の人間が集まって集団となったときに、意思決定の方法は３つあります。

①話し合って決定（民主主義型）

お互いに話し合って方向を決める関係。

②誰かが決定（独裁型）

誰かがリーダー、ボスになり「俺の言うことを聞け」と指示・命令する関係。

③誰も遠慮して決まらない（アナーキー型）

みんな遠慮して、顔色をうかがってしまい、なんとなくその場の流れで決まったり、ずるずると意思決定がないまま時間がたっていく関係。

家族という集団も、このどれかに当てはまります。決定する内容やシチュエーションによって違うケースもあると思いますが、「すべて母親が決めている」「家族で相談はするが、最終的には父親が決めている」「父親が指示・命令を出すが、実は決めているのは母親」「常に夫婦で相談して決める」といった、それぞれの家庭ならではの傾向があります。

実は、現代の日本社会では、③の傾向のパターンが知らず知らずのうちに身についてしまっている人が多いのではないでしょうか。誰も言いたいことが言えない、やりたいことをやれない、他人に遠慮して顔色をうかがったまま、ガマンしてしまう。そんなパターンです。

この傾向がある場合、自分のやりたいことや本心を覆い隠しているうちに、だんだん自分の気持ちがわからなくなってしまうこともあります。しかも、そのことに自分でも気づかないまま、やりたいことをやっている人をやっかんだり僻《ひが》んだり、さらには人の足を引っ張ってしまうというようなことも起きてしまいがちで、挙句の果てには誹謗中傷という行動に発展してしまうこともあります。あなたやあなたのまわりで、思い当たる節はないでしょうか？

アドラーは「**その家庭の子どもはパターンを受け継ぐ**」と考えました。ただし、**大人になる過程で学習する機会がある場合は、パターンを抜け出すことができる**と言います。

なんでも話し合って意思決定する家庭の子どもは、友人や恋人とパートナーシップを結ぶときに話し合うことが当たり前だと思っています。親のどちらかが独裁的だった場合、子どもは

「自分が上」か「自分が下」のどちらかしか選べず、それが当たり前だと思っているので、対等なヨコの関係での話し合いという発想自体がありません。

社会に出てからも、「こうしなさい」と言われるのを待つか、「どうしたらいいですか」という質問が多くなる傾向にあります。もしくは、自分の主張だけを押し通そうとして、意見を言うか、却下されるかのどちらかになってしまう。あるいは自分では決められないので、考えてもムダ、相談なんてムダだと思ってしまう場合もあります。また、アナーキー型の家庭に育つと、ダラダラといつまでも決められない、状況によってなんとなく決まることが当たり前になるので、「意思決定」ということに慣れない子どもが育ちます。

どれが子どもにとって「幸せ」でしょうか？　やはり、自分の意見をテーブルに出して、尊重してもらえる、話し合いながら決めていくことでお互いに協力できる関係を家庭で経験しておくほうが、学校や社会に出てからもうまくいきます。エアコンの買い替えでも旅行先でも、両親が話し合っている姿を見て、自分の意見も聞いてもらえると、「人とどのように協力したらいいか」を自然に学ぶことができます。

あなたの家庭でも、**「意思決定のプロセス」**を見直してみませんか？　いつからでも学び直して、スタイルを変えることは可能です。本書を読んでいる読者の方は、すでにその一歩を踏み出しています。ぜひ、勇気を出して、家族と一緒に新しいスタイルに取り組んでみてください。

親子で幸せになるための4つのステップ

自分自身のありのままを認め、成長できていると感じられたら、それはとても幸福なことです。大人もまた人間的に成長できるのが、アドラー流子育ての良さのひとつだと言えます。

子どもを想い、子育てに向き合う中で、大人も成長し幸せになれる、そんなことをイメージしながら、４つのステップを考えてみました。

ステップ1　親が自分自身を好きになる（自己受容）

イライラしたり、失敗してしまったときにも、自分を責めずに、「イライラすることだってあるよね」「よく頑張っているね」「失敗してる自分も好きだよ」と、自分自身を認めてあげる。

ステップ2　子どものダメなところも受け入れられる

親が自分のダメなところを受け入れられると（自己受容）、子どものダメなところも、「そういうところがあっても好きだよ」と受け入れられるようになる。

ステップ3　「子どもの関心」に関心を持つ

「今どうしたいと思ってる？」「なぜこれをやりたくないのかな」と子どもの目線で問いかけながら、子どもが「何をどうしたいと思っているのか」を理解しようとする。

ステップ4　子どもがやりたいことに向かう方法を一緒に考える

「何をやりたいか？」「どうしたらできそうか？」「自分らしいやり方は？」などを問いかけながら、未来から逆算できるようにサポートする。

「幸せに生きる術《すべ》」は、何歳になってからでも学んで習得することができます。ですから、**「子どもに幸せになってほしい」と願うなら、親や先生など、まわりの大人も「自分も絶対に幸せになる！」とコミットしてほしいのです**。そして、もし、どうしたらいいかわからなかったら、方法を学んで、ひとつひとつ取り組んでみることで、大人も子どもも少しずつでも幸せになっていけたらいいなと思います。

アドラー心理学でもいいし、次のページからご紹介する**幸福の4因子**でもいいし、たまには立ち止まって、「幸せってなんだろう？」「幸せになるにはどうしたらいいかな？」「私はどんなときに幸せだったかな？」、そんなことを自分自身に問いかけてみませんか？

もし「幸せ」という言葉が大きすぎたら、「どんなときに自分らしかったかな？」「どんなときに感謝してたかな？」、そんな問いでもかまいません。これを読んでいるあなたが自分を幸せにしていると、まわりに幸せの好循環が広がっていくのです。

そんな幸せの起点になってもらえたら嬉しいです。

★前野教授の「幸福学」から見た第1章のポイント

幸福の4因子を知ろう

本書の「はじめに」で触れられていますが、現代アドラー心理学の土台になっているのは「**共同体感覚**」です。それを構成する要素が「**自己受容・他者信頼・貢献感**」の3つ。

これらはいずれも幸福度と深く関係していますが、分析してみたところ最も相関が高いのは「自己受容」でした。この章で繰り返し「おかあさんは自分をねぎらう必要がある」「親御さんは自分を責めないでほしい」と強調したのは、「**幸福感は伝染する**」という研究があるからです。幸せであると感じる人は両親もそうである確率が高い。両親が幸せでなかった人には酷な言い方になるけれども、両親が幸せで仲がいいと、子どもも幸せな人生を送る可能性が高いという研究結果もあります。

「今、自分は幸福だ」と感じる人は、両親もそうである確率が高いと言えます。

両親の仲が悪かった人は、自分を幸せにする努力をしないと、自分の親も仲が悪かった、自分たちも仲が悪かった、子どもたちも将来仲が悪い夫婦関係を築いてしまう……という不幸な連鎖が続いてしまう可能性があるということです。

第1章の重要なポイントになりますが、**子育てをするうえで一番大事にしてほしいのは、保護者や先生自身の「幸福」です。**まわりの大人が「幸福」を感じていると、子どもも幸福になりやすい、逆におかあさん、おとうさん、先生などの大人が「幸福」を感じていないと、子どもも幸福にはなりにくい、ということなのです。

ではここで**「幸福の4因子」**について解説しましょう。これは統計的な検証に基づいた心理学研究において、人間の幸福度を高めるポイントが4つ得られたというものです。

①やってみよう因子（自己実現と成長）

夢や目標を持っていたり、主体的に行動できる人は幸福度が高い。自己肯定感が高く、周囲への信頼感のある人は失敗を過度に恐れず行動できる。

②ありがとう因子（つながりと感謝）

人と積極的に接して感謝できる人、他者との信頼関係を構築できる人は幸福度が高い。「共同体感覚」の他者信頼や貢献感と関係している。

③なんとかなる因子（前向きと楽観）

常にポジティブで楽観的、気持ちの切り替えが早い人は幸福度が高い。自己受容と非常に相関の高い因子であることが判明している。

④ありのまま因子（独立とマイペース）

他人の目を気にせず、本来の自分の思うままに行動できる人は幸福度が高い。

次にどのような順でこの「幸せの4因子」が芽生えていくかを考えてみました。

乳児〜幼児になる時期と、児童〜青年になる時期が「①やってみよう因子」の芽生える時期と言えそうです。いわゆる「第1次反抗期」と「第2次反抗期」ですが、反抗期というより「自立期」です。いわば「やってみよう力」が高まる時期。

児童〜青年になる時期、つまり思春期は「自分がどう生きたいのか」を考える時期で、ここが「④ありのまま因子」の芽生えかもしれません。「②ありがとう因子」というのは、他者に感謝する気持ちで、小学校時代から少しずつ育っていくように思います。

「③なんとかなる因子」は、だいぶ遅れてやってくる気がします。中学・高校時代よりも、大学から社会人になった段階で芽生えてくることが多いようです。失敗を繰り返しながらも、これまでの自分自身を否定せず楽観的になるためには時間も必要です。

アドラーの「自立」と「協力」と幸せの4因子

アドラーは「自立」と「協力」の2つを、子育てと教育のゴールとして挙げていました。自立とは「自分がしたいことにチャレンジしつつ、それに伴う結末を引き受けられるようになること」、協力とは「ものの見方・考え方が違う人たちと折り合いをつけられる」ということでしたね。

これは幸福の4因子と一致するように僕は思いました。

自立＝①やってみよう因子と③なんとかなる因子

協力＝③ありがとう因子

自立するという自分への強さや愛と、協力するというみんなへの愛。「**強さと優しさ**」というふうに僕は表現しているのですけど、それに近いと思います。平本さんと僕の共著である前作の『アドラー心理学×幸福学でつかむ！　幸せに生きる方法』で平本さんは、「自立と協力の感覚がないまま10歳までを過ごすと、大人になっても『誰かに言われないとやらない』とか『可能な限り独占したほうが得だ』といった性格を持ち続けることになりかねない」とお話しされていました。

特に自立に関して言えば、「**主体的な行動の多い人は幸福度が高い**」という分析結果が出ています。神戸大学社会システムイノベーションセンターの西村和雄特命教授と同志社大学経済学研究科の八木匡教授が日本人を対象に行なった2万人調査では「**所得や学歴より、自己決定度の高さが幸福度を上げる**」という結果が出ています。

また、協力について、平本さんは「ガマンしなさい」で協力する心は育たない、自分にも他人にも同じように利己主義があるから、**相手の立場に立って、どうするかを決めるのがアドラーの言う**「**本来の利他主義**」とおっしゃっています。僕はこれは仏教用語で言う「**自利利他円満**」(自分の利益と利他が円満にバランスしている状態)だなあと思いました。アドラーの東洋的な部分を感じます。

勇気づけのメッセージ

『幸せに生きる方法』に収録した「勇気づけのメッセージ一覧」は、13の項目すべてが、僕が幸せの研究で考えてきたことと一致していますので、本書にも再掲載します。

幸福の4因子で言えば、❶過程をも重視や❷努力にも注目は「やってみよう因子」の要素ですし、❽共感、❾貢献、❿感謝は「ありがとう因子」、❼ポジティブな表現、⓫失敗をも受け入れるは「なんとかなる因子」に当てはまります。❹個人の成長を重視という項目は「ありのまま因子」に通じます。

アドラー心理学の「勇気づけ」は相手と自分を幸せにするための活動であり、「勇気くじき」は相手も自分も不幸にしかねない活動です。

日本では「褒める」と「勇気づけ」が混同されがちですが、「承認する」「褒める」「勇気づけ」を明確に分けておかないと誤解が生まれそうです。平本さんも「**褒める・叱る」はこちらの行動で、「勇気づけ・勇気くじき」は受け手の状況**なので、それをはっきり区別して考えることが大切とおっしゃっています。

勇気づけのメッセージ一覧
～個人の幸せと共同体への貢献（組織の総生産性）の最大化～

	勇気をくじくメッセージ	勇気づけるメッセージ
	コントロールできることにフォーカス〈創造的自己（自己決定性）〉	
❶	成果のみを重視	過程をも重視
❷	能力だけに注目	努力にも注目
	結局、本当はどうなればいい？〈目的論〉	
❸	できていない部分を指摘	増えてほしい部分を指摘
❹	他人との比較を重視（相対評価）	個人の成長を重視（個人内評価）
	相手の立場で言う〈認知論〉	
❺	伝える側の気持ちだけ	伝えられる側の気持ちも考慮
❻	正論としてものを言う（事実ことば）	意見としてものを言う（意見ことば）
❼	ネガティブな表現を使う	ポジティブな表現を使う
❽	同情する	共感する
	「他人の役に立っていること」に気づける〈対人関係論〉	
❾	勝ち負けだけに注目	貢献や協力にも注目
❿	褒める	感謝する
	どちらも必要（正しい）、丸ごとOK〈全体論〉	
⓫	成功だけを認める	失敗をも受け入れる
⓬	こちらが判断、評価、分析、解釈する	相手の判断、評価、分析、解釈を聞く
⓭	「あなたメッセージ」で伝える	「私メッセージ」で伝える

自分の人生をコントロールできている幸福

本章ではテストの成績などの「**結果**」を褒めるよりも、結果につながった「**過程**」の行動を褒める言葉かけが推奨されています。過程や努力に意識を向けるように促すメッセージは、その言葉を受け取る子どもに「**自分の人生をコントロールできている感**」を育んでくれます。

専門用語では**コントロール感覚**と呼ばれており、幸福感に大きく影響する要素です。現代心理学で言う自主性や主体性、自己決定性に関連します。

これは、以下に述べる、**地位財**（他人と優劣を比較できる財。お金、もの、社会的地位、成績など）と**非地位財**（他人と優劣を比較できない財。愛情、自由、自主性など）の考え方ともマッチします。

すなわち、**営業成績やテストの点数、業務や教科の得意・不得意に注目するのは地位財的な発想で、これによる幸せは長続きしない**と言われています。一方で**努力のような非地位財による幸せは長続きする**ことがわかっています。

幸せの4因子で言えば、④のありのまま因子に関係しています。成果や結果を他人と比較しないほうが幸福であるという研究結果も出ています。

また、①のやってみよう因子にも関係しています。やりがいを感じる人は幸せという研究結果が出ていますから、「頑張ったね！」と過程や努力を認められるほうが、地位財で結果を認められるより幸福感が長く続くということなのです。

また、「**大きな夢を目指すよりも小さな夢や目標で満足する人のほうが幸福度は高い**」という研究結果もあります。

第2章

「しつけ」っていったいなんだろう?

「しつけ」と「ルールを押しつけること」の違い

おかあさんと子どもの関係で、「しつけ」というのは最初に向き合わなくてはいけない「課題」かもしれません。常識にとらわれすぎずに、自分らしい子育てをしたいと思っても、思い通りにいかないのが「子育て」です。どれくらいの「しつけ」が適切なのか、迷う方も多いでしょう。

アドラー心理学でも、**「しつけ」**(**discipline**)は**「勇気づけ」**(**encourage**)と並ぶ2大キーワードです。日本語の「しつけ」は既存のルールを上から押しつける、教え込むという意味合いがあるようですが、アドラー心理学での「しつけ」とは、**「将来生きていくうえで知っておいたり身につけておいたほうがいいことを学び練習する」**といった意味合いで使います。

例えば「人に何かしてもらったら『ありがとう』とお礼を言う」とか、「公共の場で騒ぐと他人の迷惑になる」ということを学び、適切な態度を身につけていくことがしつけにあたりますが、そもそも、どうしてこのようなことを学ぶ必要があるのでしょうか?

ちなみに、最近は日本でも、なんでも上から押さえつけてルールを教え込む形の教育は「よくない」と考える人が多くなりました。かつての「軍隊式押さえつけ型の教育」に対する反動から、

「アンチしつけ」の風潮も生まれてきています。「子どもは自由にさせるのが一番いい」「子どものすることにはいっさい口を出さない」と考える人さえいるようです。

一方で、大人が「しつけ」と称して子どもを虐待するような事件もあとを絶ちません。「しつけ」は、大人が子どもに手を上げたり罰を与えたりして教え込むという、子どもにとって「恐ろしいもの」であった時代もあり、それは残念ながら今でも完全になくなったとは言えません。現在でも「しつけ」とは、大人が明確に子どもの上に立って子どもを「仕込む」ものと考えている人も多いのです。

ですから、しつけはしなくてはいけないけれども、だからといって、上から押さえつけるようなことはしたくない。いったいどうしたらいいかわからない、迷ってしまう、そんな人が増えているのではないでしょうか？

では、そもそも「しつけ」とは、何を、何のために子どもに教えようとするものなのでしょう。

アドラー心理学でよく使われている例を挙げてみます。例えば大人たちが食事を取っているときに、子どもが大声で騒いだり遊び始めたりした場合です。そんなとき、親は上から目線で「**お行儀が悪い**」「**みっともない！**」「**いい年して恥ずかしいでしょ**」「**もうお兄ちゃんなんだから静かに**」といった言葉で叱るかもしれません。あるいは、「**言うことを聞かなくてどうもすみません**」

と、同席している大人に子どもの代わりに謝ったりしてしまうこともあるかもしれません。

アドラー心理学では、**「自分の責任が取れる範囲で自由にする権利がある」**という考え方をベースにしつけをする、つまり社会に出る練習をしていきます。子どもだからダメ、大人だからいいというわけではなく、その人にとって責任が取れる範囲とそれに伴う権利があります。しつけによって、責任を取れる範囲が広がると、自由に行動できる範囲が広がっていきます。

先ほどの例に戻ってみましょう。まず「大人は静かに食事をする権利があります。そして、静かにできるのなら子どもも食卓に一緒にいていいよ」と伝えるのが「しつけ」の第一歩です。

もし、それでも子どもが騒ぎ続けていたら、「騒ぎ続けるほうが好きならば、すぐ外に出てください。そうしたら騒いでもいいよ」と伝えて、実際に部屋の外に出すことも必要です。つまり、「騒ぐのをやめて静かに過ごせたら、大人と一緒にいる権利がある」一方で、「騒ぎ続ける」なら、自由にやれる範囲が減っていくということになります。これを理解し、自分で選んで振舞えるように導くことが、「しつけ」です。

これらを教えるためには静かに食事をしようとしている大人たちの気持ちと、大声で騒ぎたい子どもの気持ちの両方を「ヨコの関係」で理解したうえで、子どもに説明し、自分の行動を選択してもらうという手順になります。いきなり「静かにしなさい！」「なぜ言うことが聞けないの！」と怒鳴ってもそれは伝わりません。**アドラーの言う「しつけ」が、「上から目線のマウント」**

とはまったく違うことがおわかりいただけたでしょうか。

電車内で子どもが騒いでしまうのは、そこで騒ぐとほかの人に迷惑がかかることをちゃんとわかっていないからかもしれません。それを教えるのは大人の役割です。電車を利用するという自由のためには、まわりの人の居心地も大切にできるようになることが「しつけ」の目的です。「○○をしてはいけない」「○○をしなくてはいけない」と義務ばかり言われていると、自分の頭で考える余地がなくなります。しかし、「**あなたには好きなことをする自由がある。そして、自分の自由を大切にするのと同時に、隣の人の自由も大切にしようね。そうすれば、自分の権利も広がっていくよ**」ということがしつけの本質だと理解できたら、親もブレることがなくなります。あとは、子どもが、「**自分の行動を、その都度自分自身で選択できる**」ように必要なサポートをしていけばいいのです。

こんな言葉で伝えよう

✖ いい年してみっともないから騒ぐのをやめなさい！

○ ここで騒ぐとほかの人の迷惑になるから、騒ぎたいときは外に出てね。

自分のやっていることを周囲がどう感じるかを知らせる

「いつもガミガミ叱ってばかりいて、自分でもイヤになってしまう。でも、何度言っても子どもが同じような迷惑を繰り返すと、どうしていいのかわからず結局ガミガミ言ってしまう」という悩みを持つおかあさんも多いことでしょう。

例えば、先ほども例に出しましたが「何度注意しても電車の中で騒ぐ」ような場合です。まず、周囲に迷惑がかかることを知らずに、単に電車の中が楽しくて騒いでしまう、というケースだとしたら、まず子どもに「楽しそうだね？　楽しいよねぇ」「電車に乗るの好きなんだね」と「**共感**」することが大切です。

子どものしていること、楽しい気持ちをいきなり否定せず、まず「共感」します。そこで「**静かに座っている人、本を読んでいる人は、まわりで騒いでいる子どもがいたら、どう感じるかな？**」といった言葉をかけることで、「他の人の立場からものごとを見る」ことを学んでいきます。それを繰り返すうちに、周囲の様子にも気づかいできるようになっていきます。

楽しいこと、はしゃぐことが「悪い」のではなく、「静かにしている人をリスペクトすることも必要なんだよ」ということがわかれば、やがて「今は静かにしたほうがお互いに気持ちよく過ごせそうだ」とか、「今は外でみんなワイワイ過ごしているから、私も、大はしゃぎしてもいい」などの判断をしながら、行動を選択できるようになっていきます。

しつけの段階を3つのステップで知る

しつけ(discipline)の3ステップをご紹介しましょう。

私が子どもの頃の「しつけ」と言えば、やはり「上からの指示と命令」そして「管理」ばかり。だから私も親や先生の言うことなんか聞いてたまるか、というスタンスでした。

成長してからアドラーの心理学を学び、「あ〜、ちょっとでもアドラーを知っている先生に習いたかったなあ」などと思ったものです。以下は、小学校教師のアドバイザー・梶谷希美さんがアドラー心理学をベースにつくったステップです。

ステップ1　一緒に安心で安全な居場所をつくる

子どもにまず教えるべきなのは、自分とまわりの人を尊重すること。そして、その態度によって自分の周囲、つまり学校の教室や、遊び仲間たちのグループを、お互いに「**安心と安全を感じられる居場所**」にしていくことができることを学んでいきます。

これは子どもたちだけに任せておいても、なかなかできません。そこで、大人の言葉かけが必要になります。これが「しつけは必要」な理由です。

「挨拶すること」「お礼を言うこと」「謝ること」。この3つは昔も今も「しつけるべき大切なこと」ですが、高圧的に上から規則として教え込んでも、あまり意味はありません。

「挨拶」をし合えば、とても気持ちのいい場所ができること、お礼を言うことや、謝ることで相手との関係がよくなっていくこと、それによって自分自身も安心できること、をちゃんと伝えてこそ意味があるのです(この実例を67ページからご紹介しています)。

「おはよう」と挨拶できる自分に対しての自己受容、挨拶を返してくれる相手への信頼感が高まると、その人に何かしてあげたくなり、それは貢献感にもつながります。

一方で、やらないほうがいいことを教えることも、大切なしつけのひとつです。**「こういうことを言ったら人は傷つくんだよ」「悲しいよ」**ということを教え、人も自分も傷つくようなことはお互いにしないほうが、気持ちよくて安心できて居心地がいいよね、ということも伝えていきます。子どもたちが「安心」「安全」と感じられる場がつくれたら、次のステップに進みます。

ステップ2　自分で決めること、他人と折り合うことを学ぶ

子どもたちが社会に出て、自分らしい人生を生きつつ、他人の力を借りながら生きていくための力を持ってもらうことが重要です。失敗しても立ち上がる力、他者と意見が違ってもうま

く折り合いをつけてやっていくこと。つまり**自立と協力**ができるようにサポートします。「自分でいいと思うことをやってごらん」「失敗してもいいから自分で考えてごらん」と声をかけ続け、成功しても失敗しても「よく自分で考えてチャレンジしたね」と、挑戦したことをしっかり認めます。もしも失敗してしまった場合には、理由や改善方法を自分で考えられるように、質問やヒントを伝えるといいと思います。

これはある小学校の例ですが、「市区町村のチャイムがなったら下校しなければいけない」というルールがありました。6年生たちが「その時間だと放課後に遊ぶ時間が全然ない。いくらなんでも早すぎる」と言い出したそうです。「なんでこんなくだらないルールがあるんだ」と怒る子もいました。

先生は「**それならどうすればいいか自分たちで話し合って提案してみたら**」と言いました。生徒たちが「まだ外も明るいし、下級生でもすぐに帰らなくて大丈夫だ」と言うので、「じゃあ、日没の時間とか、帰宅にかかる時間とかをよく調べて〝大丈夫〟という根拠を挙げて交渉してみたら？」とアドバイスをすると、子どもたちは早速これらを調べ、何人かの生徒が代表で校長に直談判に行きました。学校全体の署名も集め、最終的にはルールが変わったそうです。

子どもたちが自分たちで行動できた例のひとつです。

ステップ3 人から愛される人になれるようにサポートする

3番めのステップが「**人から応援される人**」「**愛される人**」になれるようサポートすることです。「人が話しているときはちゃんとした姿勢で聞く」「身なりを整える」といった礼儀も、そのほうが、人に親切にしてもらえたり、丁寧に扱ってもらえたりするわけで、生きる術と言えます。ですから、社会に出る前に、できるだけ教えておけると、本人が結果的に得をしたり、ちょっと大袈裟な言い方かもしれませんが、「愛される人になる」ということにつながっていきます。

「**ちゃんとした姿勢で聞いてもらったほうが相手は嬉しいし、あなたに対しても好感を持つ**」「**身なりを整えたほうが気持ちがいいし、周囲の人も同じだよ**」ということは、教えてあげないと子どもはわかりません。「ちゃんとしなさい」「みっともない」「だらしない」と上から目線で伝えるだけでなく、理由までしっかり説明しましょう。

「せっかくごめんなさいと謝っているのに、そんな姿勢では、『うるせえよ、バーカ』『謝ってやるけど悪いことしたとか思ってねえから』と言ってるように見えるよ」「その謝り方じゃ、かえって相手を怒らせるよ」と伝えると、「ちゃんとした姿勢で謝りなさい」という言葉の意味ににハッと気づいてくれる可能性があります。

「字はきれいに書きなさい」も同じです。

提出物や自分のノートが乱暴な字で書かれていると、先生がその乱暴な字の解読に時間がかかってすごく困るなど、相手が不便を感じて、まわり回って自分が損をしてしまう可能性があるということも、教えられなければわからないままかもしれません。

「相手を不快にさせてしまうと、大きくなってから『あなたと一緒に働きたくない』『一緒にいるのはイヤだ』と言われちゃうかもしれないよ」ということはちゃんと伝えて、「それでもいい」と本人が納得して選んでいるなら、あとは本人に任せて、自分で結末の責任を取ればいいだけです。本人がそれを理解できる年齢や分別があるなら、そのまま放っておいても大丈夫です。

「嫌われても気にしない」という大人も確かにいて、そんな中でも力を発揮できる人もいます。礼儀作法も服装もめちゃくちゃで、いわゆる社会性はほぼゼロの「天才」もいます。だから、正解はありません。対話をしながらも、最終的には本人が前向きに選べていればいいのです。

前野マドカさん（前野隆司先生のパートナー）がこんなことを言っていたそうです。

「姿勢をよくすることも、きちんと礼をすることも、字をきれいに書くことも、どれも時間をかけて丁寧に行なうことで、少しずつ身についていきます。だから、時間はかかるけれど、それをやっていると、子どもも親も自分の気持ちが落ち着いていくのではないでしょうか」

確かにそうです。「気をつけ！」と軍隊調で命令されると緊張感のほうが強くなるけれど、リラックスして背筋を伸ばすようにさせて「いつもこういう姿勢でいられたら、それだけでまわりから応援されるようになるよ」と声をかけていると、気持ちもゆったりと落ち着いていくように思います。丁寧に動く、丁寧に行動する、ということはそれだけでいろいろなことに気づく時間になるし、人の気持ちを受け取る余裕も持てるようです。

しつけの3ステップ、大事なことですので、最後におさらいしておきましょう。

ステップ1 一緒に安心で安全な居場所をつくる

ステップ2 自分で決めること、他人と折り合うことを学ぶ

ステップ3 人から愛される人になれるようにサポートする

「挨拶すること」の本当の意味と大切さを伝える

挨拶することも、社会では「推奨されるルール」のひとつです。

しかし、「単にルールだからやりなさい」「やらないとみっともない」「みんながしているから」という伝え方では子どもはやっぱり納得しません。「親に叱られるから」「先生が言ったから」だけで、イヤイヤやっていても意味がありません。

ここでもうひとつ実例を挙げましょう。

先ほどの「しつけの3つのステップ」を教えてくれた梶谷希美さんが、学級崩壊状態だったクラスの担任になったときの話をご紹介します。

子どもたちと安心して楽しく過ごせる場を一緒につくるため、まず子どもたちの「いいところ」「できているところ」を伝え続けました。大人から見たら小さなこと、些細なこと、できて当たり前のことでも、「ここが素敵」「姿勢がいいね」「ノートがちゃんと取れていてすごい」など、どんなことでもです。

そして「私はこのクラスの担任になれて嬉しいし、幸せだ」ということを繰り返し伝えました。そのうち、だんだん子どもたちの反抗的だった表情が少しずつ変わってきました。

次に取り組んだのが**「挨拶」**を教えることです。挨拶が増えると教室の空気が変わります。でも、いくら「挨拶しなさい」と言おうが、厳密なルールをつくって「こういうときには必ず挨拶しよう」と決めようが、子どもたちは従ったりしません。けれど、**「なぜ挨拶しなくちゃいけないと思う?」**とみんなに問いかけると「なんとなく感じいいから?」と言う子もいれば、「でも別に挨拶しなくたって逮捕されないじゃん」と言う子もいます。

私は「じゃあ、挨拶のある世界とない世界を実際に体験してみよう」と提案しました。教室の机をどけて椅子をぐるりと丸く並べ、その中にクラスの子どもたち40人ほどが全員入ります。そして「じゃあ、まずみんな、絶対挨拶なんかしねえぞ、って気持ちになって1分間、無言で歩き回ってみて」「肩がぶつかったらガン飛ばしてもいい。舌打ちしたりしてもいいね」。

1分たって、「どうだった?」と聞いてみると、子どもたちは「これはイヤだ」「大人の満員電車みたい」と言います。

そこで次に私は、**「じゃあ気持ちのいい挨拶ってどういうものだと思う?」**と問いかけて、いくつか例を見ませました。最初はおざなりに頭をちょっと下げて「あざっス」みたいな挨拶のようなもの、次に子どもがよくやる「さよ・オナラ〜」みたいな幼稚でふざけたやつ。子どもたちはどちらも「感じ悪ぅ〜」「バカにされてるみたい」と言います。

「じゃあみんなはどういう挨拶がいい？」と聞くと、「目が合っている挨拶」「笑顔でおはよう、がいい」と言うので、その通りにやってみせると「そうそう、それならいい」と答えてくれる。

そこで、今度は「感じのいい挨拶を意識して」、さっきと同じように1分間歩き回ってもらいました。

終わると「すごく気持ちいい！」という声があがりました。

「じゃあ、こういう感じのいい挨拶が教室にあふれるようにやってみよう。居心地がよくなるよ」と言って、「感じ悪い挨拶体験会」は終了しました。

もちろん、これを1回やったからといって、子どもたちが翌日から全員気持ちのいい挨拶をするようになるというものではありません。やったきりではなく、子どもたちがまた「挨拶」を忘れ始めた頃には**「挨拶競争ゲーム」**もしました。「挨拶にひとことつけ加えてみよう」グループワークもしました。子どもたちがグループになって「こうすれば相手がハッピーになるひとこと」を大喜利のようにして発表すると、とても盛り上がるんです。「校長先生、おはようございます。今日の髪型決まってますね！」とか「昨日の集会でのお話とても面白かったです」とか。そこで「じゃあ、勇気のある人はすぐ実践してみよう！　校長先生は今日学校にいますよ。どこにいるかなー」とけしかけると、みんなで休み時間に校長先生を探しにいく。一番やんちゃな子が校長先生をつかまえて、「校長先生、今日のネクタイ決まってます！」なんて言って帰ってくる。さっそく教室に戻ってきて「校長先生、嬉しそうに笑ってました」と報告してくれました。

挨拶ひとつでもゲームのようにしてあげると、みんな日常的にも廊下で私にすれ違うと「おはようございます」のあとに何かひとこと言わなくちゃ、というような表情を見せるようになりました。

気持ちのいい挨拶をすること、ほんのひとことで相手もハッピーにできるし、相手がハッピーになると自分も嬉しい、ということをゲームを通して理解すると、教室の空気は1カ月もたたないうちに激変しました。

子どもたちにとって気持ちのいい空間をまずつくる

まず第1ステージとして、生徒ひとりひとりの「できているところ」「いいところ」をきちんと見て、言葉で伝えて、日頃から、「**あなたの存在が大切だよ**」と認めていきます。次の第2ステージでは、「挨拶」というある種の「道具」の使い方を共有して、生徒同士も含めた信頼関係をつくっていきました。

そうやって、先生を含めたメンバーが安心と安全を感じられて、自分らしくお互いに尊重し合える雰囲気が土台にあれば（つまり、「共同体感覚」を感じられていれば）、先生がときに本気で叱ったり怒鳴ったりしても生徒たちは「先生が理不尽に怒鳴りまくってる」「ほっとけばいい」とはならずに、自分や仲間のことを大切にしてくれる先生が怒っているのだから、大切なことを伝えようとしてくれていると直感的に感じることができます。

叱る、怒鳴るは場面によっては有効なことがありますが、やはり前提になるのはその「土台」です。

「いくら怒鳴っても子どもが言うことを聞かなくて困っている」というときには、子どものふだんの生活をよく見て、ごく小さなこと、当たり前かもしれないけれどもできていることを指摘する、認めることからスタートすればいいのです。

梶谷さんは、子どもたちにとって気持ちのいい空間ができてきたと感じてから、子どもたちに「目標」を立ててもらいました。これが第3ステージです。

例えば、「運動会の日は全力で全員で頑張る」が目標だったら、終わってから「どうだった？　目標は達成できたかな」と問いかけをするだけでなく、毎週のように、「運動会の日に全力で全員で頑張る目標を達成するには、まず、何と何をやっておくとよさそうかな？自分の得意なことや、やれそうなことはどんなことがあるかな？」などと質問し、結果の「できた」「できなかった」だけではなく、目標に向かってやれそうなことを子どもたちにたくさん出してもらいます。そして、それをひとつひとつクリアしながら、途中のプロセスを大切にするのです。その繰り返しがあると、子どもたちも自発的に「もっとこうすればよさそう」と改善点を挙げるようになっていきます。

こうしたプロセスを踏むことで、相手を否定するのではなく、自分を否定するのでもなく、「自分たち」でどうすればいいのかを考えられるようになっていきます。

それでもなかなかうまくいかず、目標を立てるのも、目標に向かって努力するのもおざなりになったときは、「**やる気がないなら目標なんて立てるのやめよう**」「**そんなにみんながやる気ないなら、先生もやる気ない感じで授業やりまーす**」「**別に教科書開きたくないなら別にいいです**」と、わざと無表情のままみんなの顔を見ずに授業をしてみせたこともあるそうです。

子どもたちの中から「こんな授業イヤだ」と言う子が少しずつ出てきたら、「じゃあ、どんな授業がいい？」と聞くと、「僕たちもやる気出すから、やる気のある授業がいい」と言い始めます。

やがて「もう一度ちゃんと目標立てたい」と言う子が出てきたら、すぐに「**素晴らしいね。それが行動するっていうことだよ**」と、その姿勢を認めます。そう言わなかった子たちにも「**やりたいと言わなかった人は、それが今の君の意見だよ。その理由をぜひ教えてもらえると嬉しいな**」と話せば、「僕はこういう理由でやりたくなかった」と言えるようになります。

梶谷さんは小学校の先生で、しかも学級崩壊状態のクラスを受け持った経験が多く、家庭での育児とはだいぶ様子が違うかもしれません。

しかし、大人が子どもたちに「上から目線」でものを言ったり、いきなり叱ったりしないこと、そして、子どもが自分の頭で考えて行動し、その責任を取ること、土台に信頼関係が必要なことは、学校でも家庭でもまったく同じです。

こんな言葉で伝えよう

✖ みんながやるって言ってるんだから、君もやらなくちゃダメだよ！

〇 やりたくない、というのが君の気持ちなんだね、なぜそう思うのか教えてくれない？

気軽に、相手の勇気が湧くような声かけをしよう

アドラーは言います。「**褒める**」**というのは**「**上からの目線**」だと。

ですからヨコの関係で相手を認めていくには、ちょっとしたコツが必要です。気軽に試せる言葉かけを3パターンご紹介しましょう。長々と人を褒めるのもわざとらしいことがあるので、**言葉かけは7秒程度に収めましょう**というアドバイスをいつもしています。

ひとつめは「**通りすがり感謝**」です。「**元気におはようって挨拶してくれてありがとう。そんなふうにしてくれると、お父さんも元気が出るよ**」「**片づけてくれてありがとう。部屋が気持ちいいね！**」。これなら声をかけやすいと思ったら、何度でも、たくさん気軽に声かけすることをおすすめします。

もうひとつ「**通りすがり貢献**」もお勧めの声かけ方法です。「**逆上がり、頑張ってるね。〇〇くんも頑張ろうって言ってたよ**」というパターンです。自分がやってることが、誰かを元気づけていたり、役に立ってることがわかると、誇らしい気分や幸せな気分になります。

お互いの好意の橋渡しにもなるので、関係者全員が心地よく、雰囲気がよくなっていきます。

最後のひとつは、少し高度になりますが「**通りすがり改善**」。先生や親は子どもに「ここ、ちょっと違うよ」「これはちゃんと直してね」などといきなり言ってしまいがちですが、これを少し言

い換えて「**ここは素晴らしいね。さらに、ここもこうしてもらえると嬉しいな**」と伝えるのです。

まずしっかり認めてから、「ここができてないよね」というダメ出しではなく、「こうしてもらえると嬉しい」とか「こうするとさらによくなるよ」と改善をお願いしたり提案するのです。

ちょっとした言い方の違いですが、受け取りやすさがずいぶん違います。ぜひ、練習して試してみてください。

相手のことを「よくできる子ども」と思えば思うほど、親や先生は「これだけできるのだからもっとできるはず」と思って、つい「改善点」だけを先に口にしてしまいがちです。

褒められることが多い子に対しては「今さら褒めなくてもいいだろう」と思いがちですが、そこは要注意です。どんな子であっても、改善点よりもまず先にきちんと認めてあげることで、いろいろなことが伝わりやすくなります。

こんな言葉で伝えよう

✖ 片づけしたのね。でも、○○ができてないから、もっと○○したほうがいいよ。

○ 片づけてくれてありがとう。気持ちがいいね。次から、○○もやってもらえたら嬉しいな。

★前野教授の「幸福学」から見た第2章のポイント

幸せな子どもに育てるビジョン

本章でのテーマの「しつけ」の「**discipline**」は「**本質的に大切なことを伝える**」という言語的なイメージがあります。実は学問のことも discipline と言います。つまり、機械工学や電気工学のような学問分野のことも discipline と呼ぶのです。それもあって僕の中では discipline は日本語の「しつけ」というニュアンスとはかなり違って、学問などの「基本原則」という印象が強くあります。

「赤信号を渡ってはいけない」というように上から規則を押しつけるのではなく、「赤信号を渡ってしまうと、車にはねられてケガをしてしまう可能性があって危険だから、渡ってはいけない」という原理を説明するのが本来あるべき姿。もしかしたら「しつけ」という言葉自体をやめたほうがいいかもしれませんね。

会社でたとえると、「ルール経営」と「理念経営」の違いのようなもの。前者はルールと罰で人を律するというピラミッド型組織で、上から言われたことを何も考えずこなしていく。後者は「我々はこういういい世の中をつくっていきたい」という理念としての目標を会社全体で共有して動いていく経営です。

妻の前野マドカは「子育てのビジョンを考える会」というものをやっていました。「子どもは早いうちに寝かさなければならない」とか、「1歳になったら立ち上がるのが普通だ」などの断片的な手法や知識だけがあふれ返っていて、多くのママはビジョンを見失っている。だから基本に立ち返って**「幸せな子どもに育ってほしい」**という本質を思い出そうという会でした。これはまさにdisciplineそのものだと思います。

僕もあるときその会に呼ばれて「幸せな人とは」というテーマで講演しました。人に言われたことをただやる人は幸せではない、やりがいがあって、つながりがある主体的な人は幸せであるという内容でした。

子どもを人に言われた通りにやる人に育てたいか、自分で決められる人に育てたいかと聞かれたときに、たいていの人は後者を選びますよね。後者のような人に育てるためには、disciplineの根本を理解すべきです。子育ての根本を見直して、部分だけではなく、全体を理解できる人に育てることが必要なのです。

「これしかやってはいけない」より「ここまではやっていい」

アメリカやイギリスを訪れていると、街角でも、店内や公共交通機関の車内でも、親がかなり長い時間をかけて子どもに話しかけているのを見かけることがあります。感情的に叱っているのではなく、本文で紹介した食事中に騒ぐ子どもの例のようなことを説明しているのです。

欧米だと「**あなたは自分の意志で自由に振るまってかまわない。でもここから先のことはしないでほしい**」という言い方をします。これに対して日本の場合は「**あなたはここからここまでのことしかしてはダメ**」と「ルール」を教えようとします。そのときに、理由や基準をちゃんと説明しないこともまだまだ多い気がします。

同じことを伝えるにしても、「こんなにやっていいことがたくさんある。でも、これだけはダメ」というポジティブな伝え方のほうが、「これだけしかやってはいけません」というネガティブな「禁止」より、子どもにはよりよく伝わります。欧米では自由と責任を教え、日本では義務を教えるということです。

しかも日本型の「ルール」を義務として守らせようという発想だと、子どもが自分の頭で考えなくなります。これからの不確実な世界を生きていくうえで、それは非常にまずい。子どもたちはまず小さい範囲の自由を学び、成長に伴って、その範囲を広げて自立していくプロセスを踏むべきです。

『北風と太陽』の物語と同じです。目的は同じ「旅人のマントを脱がすこと」であっても、強風でマントを吹き飛ばそうとする北風に旅人は飛ばされまいと必死で抵抗しますが、太陽の暖かい日差しを浴びた旅人は汗ばんで気持ちよさそうにマントを脱ぎました。

何か大事なことを伝えようとするときは、それが子どもであっても、威圧感や恐怖感は必要ありません。むしろ逆効果です。

同じスペースで遊んでほしいと伝えるときも、「**この範囲しか使ってはいけない**」より、「**この範囲ならあなたの自由にしていい**」と言われたほうが、子どもも大人も気持ちよく、楽しく、幸せですよね。

何もかも欧米化する必要はありませんが、欧米の伝え方から学ぶべき点は多いのではないでしょうか。

幸せな人は性格がいい人

本章で紹介した小学校教師のアドバイザー・梶谷さんの「しつけの3ステップ」の3番目は「人から愛される人になれるようにサポートする」でした。僕はウェルビーイング（よき在り方、幸せ、健康、福利・福祉）についての研究を行なっていますが、世界中のウェルビーイング研究の結果を簡単にまとめると、要するに「幸せな人は性格のいい人」なのです。

僕のグループの調査によると、

◎エネルギッシュ力＝外向性・積極性
◎フレンドリー力＝協調性・利他性
◎まじめ力＝勤勉性・誠実性・粘り強さ
◎情緒安定力＝情緒安定性（⇅神経症傾向）
◎面白がり力＝知性・開放性・知的好奇心

が高い人は幸せな人です。この5つは、「ビッグファイブ」と呼ばれる、よく知られた性格の因子です。

また、**「人に感謝する人は幸せである」「挨拶をする人は幸せである」**という研究結果はたくさんあります。「幸福感」を持てるからです。

僕が勤務する大学の学生が行なった研究ですが、**「姿勢がいい人は幸福度が高い」**というデータもあります。非常に単純な実験なのですが、「(天井から引っ張られているように)背筋をピンと伸ばしたいい姿勢」を保ったままアンケートに答えてもらった場合と、何も指示されずいつも通りの姿勢でアンケートに答えてもらった場合では、姿勢がいい状態のほうが幸福度も、美意識も、倫理観も高くなるという結果が出たのです。姿勢をよくするだけで、人に愛されるいい人になる。面白いですね。

本文中で前野マドカの発言、「丁寧に挨拶すること」「丁寧に頭を下げること」などの効用について触れましたが、**「丁寧であること」**に気配りすることはまさに**セルフ・アウェアネス**(**自己認識**)であり、「自分の身体や心」の状態をちゃんと感じていることと同義です。**マインドフル**である状態とも言えます。

「丁寧に挨拶すること」「丁寧に頭を下げること」などの行為は、相手の言葉にきちんと耳を傾けることにもつながり、相手にも丁寧に接してもらうことで、心に余裕が生まれます。幸福の4因子もぐんと高まるはずです。

親も子どもも、お互いにできるだけ「丁寧」を心がけてみてはいかがでしょうか。塾や習い事などでスケジュールは目いっぱい。親子とも時間に追われ、いつも「早く早く」「急いで急いで」「そんなにのんびりしないで」といった言葉ばかり子どもにかけているようだったら、「私たち親子の毎日は丁寧だろうか?」「こんなに気ぜわしくしていることは果たしていいことなんだろうか?」と少し立ち止まって考えてみてください。

「丁寧に」「のんびり」「余裕を持つ」というキーワードは幸福感を持つためにも大切です。

ものを持ちすぎず必要なものだけを持って暮らそうという「**ミニマリズム**」や、不要なものを捨てる「**断捨離**」が注目されていますが、これもまた「丁寧に生きる」につながっていると思います。「みんなが持っているから」という理由だけでものを持とうとするのはやめようということです。本当に必要なものだけを持って暮らすためには、自分の「五感」をきちんと働かせて、セルフ・アウェアネスの意識を持つことが大切です。

ただし、これは大事にしているものを無理に捨てるということではなく、「心地よい」と思う状態に自分を置くためのひとつの方法です。自分が好きなものに囲まれているほうが心地よい、とにかく雑然となじみのあるものがたくさんあるほうが落ち着く、という場合はそのままでもいいのです。

五感は人によって「嗅覚が鋭い」「視覚が一番鋭い」などまったく違います。自分の五感がどう働いているかを意識し、自分の心地よさを探すことができればいいのです。

いずれにせよ、**「丁寧に自分に向き合って、自分の心と身体の声を聞いてあげる」ことが幸福感につながる第一歩です。**

本来の「ミニマリズム」とは、**「執着」**を手放すことだと思うんです。ものが多い状態でそれらに執着している場合や、逆にものが足りなくて渇望している場合もあると思いますが、どちらも執着です。仏陀や荘子、老子も説いていたように究極は執着を手放すことにある。そうすると、欲望がなくなるからどうなってもいいと思える。ここでの「どうなってもいい」は自暴自棄という意味ではありません。**「うちの子が受験に受かってもそうでなくてもどちらでも大丈夫」**と思えるような状態が執着を捨てた状態です。

そうなるためには自然に触れることが有効です。自然の中にいると五感が研ぎ澄まされてきます。執着すると絶え間なく流れてくる大量の情報にとりつかれてしまうけれど、執着を捨てて感覚を研ぎ澄ませて、花が咲いていることに喜んだり、ハーブティーを飲んだり、夕焼けを見て地球とともにあることを喜んだりすると、人間らしさを取り戻せます。現代社会の親たちも、もっと自然に触れる機会を設けて、もっとシンプルに生きてもいいのではないかなと思います。

要するに、おかあさんも執着しているんです。子どもには本当は幸せに生きてくれればいいと思っているのに、現代社会の潮流に流されて、目的が、「いい大学に行っていい就職をしてほしい」という間違った方向にすり替わってしまっている。

人生は多様でいいのです。子どもに期待することをやめれば、子どもは期待以上の子に育ち、立派な大人になると思います。

第3章

子どもの「困った行動」どうすればいいの？

上からでも下からでもなく「ヨコから」言葉をかける

まず、子どものちょっとした「困った行動」について考えてみましょう。

前出の梶谷希美さんは小学校の教員経験が10年以上ありますが、いわゆる「学級崩壊状態」のクラスの担任が多かったそうです。子どもたちは例年、新年度の4月時点から、「どこまでやっても大丈夫か」と先生の反応を探るように、さまざまな「困った行動」を仕掛けてくるそうです。

当初、梶谷さんは「まずは子どもたちのボスに勝たなくては！」と、怖い顔、怖い怒鳴り声の「練習」までして、いかにマウントを取るかで対抗しようとしたそうです。それは、教員になった頃に「子どもたちは大人の関わり方によってどんどん変わっていく。だからこそ大人である自分が主導権を握って導いていかなくてはならない」と思ったことがきっかけだったと言います。

教育現場で「最初に甘やかしてなめられたら取り返しがつかない」「だからこそ最初のガツンが大事」という話は、先生たちからよく聞きます。最初に「怖い先生」「厳しい先生」と思わせておいて、そのあとから信頼関係をつくっていくべきという考え方です。

けれどこの方法論はまず先生にとって非常につらいもの、人として非常にストレスがたまる方法です。常に緊張し、笑顔をうかつに見せず、冗談も言わず、そのうえで「信頼」を勝ち取ろうというのですから。「なめられてはいけない」と思いながら、「信頼感」を得るまでの時間は苦しいものです。ずっと緊張関係が続くため、信頼関係ができたあとも、お互いにどこか苦しさをひきずってしまいそうです。

梶谷さんは、アドラー心理学に触れ、学び始めたことで、このやり方をガラリと変えました。例えば、何度言っても教科書を机の上に出さないクラスのボス的な子に対して、新年度が始まる頃は席のすぐそばに立ち、教科書を開くまで威圧する、というやり方を取っていました。しかし、「ヨコの関係」の大切さを知ってアプローチを変えたのです。

丁寧で朗らかな口調で「**教科書を開かない理由が何かあるの？　もし理由があったら教えてくれないかな？**」と聞くと、、「特にない」と返事がありました。「そっか、じゃあ、教科書出して開いてくれるとすごく嬉しい！」と言うと、すぐ教科書を出してきました。それに釣られるように、ほかの子たちも教科書を出して開いてくれました。

これは非常にわかりやすい例です。

親や先生が、子どもや生徒に対して「厳しくするか、甘やかすか」「指示通りにやらせるか、自由にさせるか」。家庭でも教育現場でも、子どもの年齢にかかわらず出てくる「悩み」です。

親と子、先生と生徒という関係性は、多くの親や先生が、「下手に出すぎて」子どもを自由奔放、やりたい放題にさせてしまっているか、厳しくしつけなければと逆に振れてしまうかのどちらかなのではないでしょうか？　もしくは、迷いながら関わってしまい、どっちつかずの態度で伝わらなくて困っている、という状況もよく聞きます。

まだ分別がついていない子どもに対して「好き勝手にやっていいよ」と言うと、めちゃくちゃになったりします。その結果、ものが壊れた、ケガをしたなどのアクシデントが起きて子どもは叱られ、大人同士も責め合ってしまう。だからといって、厳しくして子どもに嫌われるのがイヤで強くも出られない、という中途半端な態度を取ってしまい、状況が悪化するケースもあります。このような状態に陥らないためにはどうしたらいいかのヒントが、**「ヨコの関係」**なのです。さらに詳しく、さまざまなケースで「ヨコの関係」について一緒に学んでいきましょう。

こんな言葉で伝えよう

✖ 教科書を開きなさい、授業が始められないよ。

○ なぜ教科書を開いてくれないか教えて。理由がないのなら開いてくれたら先生も嬉しい。

「あなたはどうしたい？」で始めよう

梶谷さんは、「**ヨコの関係**」を意識してから勇気を出して、相手に対するアプローチ方法を変えてみました。

アドラー的に言うなら、「**1ミリも上からではなく、1ミリも下手に出ていない**」というスタンスを取ろうとしてみたのです。

このスタンスがとても大事なのです。上からでも下からでもないスタンスを子どもに見せることで、子どもは相手が自分のことをひとりの人間として見てくれていることを感じ取り、紳士・淑女的に接してもらうことで、紳士・淑女的に答えざるを得なくなります。

「お前はガキなんだから黙って話聞けよ」という上から目線を見せたり、変に下手に出るような気配を見せれば、子どもはそれを非常に敏感に感じ取ります。

「ヨコの関係」のキーワードになるのが「**あなたはどうしたい？**」という問いかけです。

アドラー流のしつけについて解説した第2章でも少しお伝えしたように、「自分がやりたいこと」「自分はどのような自由を手に入れたいのか」について、自分自身で自分を探求していくことが「自立」への第一歩です。

まず「あなたはどうしたい？」「なぜそう思う？」という問いかけを、親やまわりの大人が常に投げかけてくれ、確認してくれたとしたら、どうでしょうか？　こんなふうに自分の考えや気持ちをしっかり尊重して受け止めてくれる大人が周囲にいることで、自分の考えに自信を持つことができ、そのやり取りから、子どもは「ヨコの関係」を学びます。

こんな言葉で伝えよう

✖あなたの好きなようにしていいわよ。

○あなたはどうしたい？　一緒に考えよう。

上下関係っていったい何？

改めて「上下関係」ということについて、少し昔を振り返ってみましょう。「昔は親も先生も近所の大人も、よく子どもを叱っていた」と言われますが、さらに昔の話です。

これは、歴史学者のユヴァル・ノア・ハラリが言ったことですが、そもそも人類250万年の歴史の中で、農耕が行なわれるようになってからはわずか1万2000年。残りの約249万年は狩猟生活でした。狩猟を基本とする社会は、みんなで狩りをして、獲物はみんなで食べる。私たちの遺伝子には協力し、助け合う生き方が刷り込まれている、というものです。

もしかしたら、その頃の人々の関係は、「ヨコの関係」の色合いが濃かった可能性があるのではないでしょうか。

「上下関係」は農耕が始まってから生まれたものだとされています。農耕というのは、大人数で大規模にやるほうがうまくいきます。そして、人が大勢集まって暮らし始めると、所有や管理された労働で効率化していく方法が編み出されます。そして、封建時代から現代にかけて「上下関係」に基づいた習慣が続いています。その影響が会社組織のみならず、家族制度や教育制度にも及んでいることは言うまでもないことです。

ただ、こうした「**上下関係**」でうまくいく時代は、終わりに近づいてきているのではないでしょうか。「上」が言う通りに「下」が実行していればうまくいくことは減り、年上の人も正解がわからない問題や課題が山積みになっている現代は、「オレが年上なんだから、お前はオレの言うことを聞いていればいいんだ」などという主張は通らなくなっています。

年齢、職歴、性別などにかかわらず、「**ヨコの関係**」で仕事ができる人ほど、これからは伸びていくでしょう。協力し合うこと、助け合えることで、この時代の困難を乗り越えていかなくてはいけません。何より、正解がわからないことだらけの現代は、みんなで知恵を出し合って、むしろ、若い人にクリエイティブに協力してもらったほうが、目先の仕事でもラクに結果が出ます。

このような社会の中では、子どもとも「ヨコの関係」を構築しておくことで、子どもは将来さらに活躍できる人になるのではないでしょうか？

親の関心を引きたくて騒ぐ場合も多い

次に、子どもが親の注目や関心を引くために、走ったり騒いだりするケースを考えてみます。

子どもがひとりっ子、あるいは2人きょうだいの家庭では、「子どもが王様」になりがちですが、幼稚園や保育園に行くようになり集団生活がスタートすると、数十人の園児がいる中で自分だけが「王様」のような特別待遇を受けることはできません。いきなり平民になったようなものです。誰もちっとも注目してくれない、かまってくれない、ちやほやしてくれないことが、悲しかったり、寂しかったり、不満に感じたりします。

でも、そんな気持ちのときに、いたずらをして大人たちやまわりの子どもたちから大注目されると、「王様」に戻ったような誇らしい気持ちになれるのです。

これは成長してからも変わりません。小学生でも「本当は勉強やスポーツで注目されたい」と思っていても、それがなかなかできないとわかると、駄々をこねたり、いたずらをしたりして注目を集めようとすることがあります。実は大人でさえ、問題行動で注目を集めようとしてしまうことがあるくらいです。

では、今回も、梶谷さんの体験から、学びを深めてみたいと思います。

どこのクラスにも「とにかくやたらに騒ぐ」子どもはいます。こういう子たちは「**騒ぐことでかまってもらう**」という経験を積んで、自分の要求を通すために一番いい方法だと経験的に知っているのです。また、それしか人から認めてもらえる方法を知らないということもあります。だから、騒いで要求が通らなければ、さらにエスカレートしてしまう。

それを静めようとして、叱ったりなだめたりして抑えつけようとすると、子どもはそれを「かまってくれた」とみなして、さらに増長してしまうのです。

だからといって、わめいているのを放置しておけば「自分は相手にしてもらえない」という感情がどんどん強くなって意固地になってしまいます。

子どもはいつも「**自分を見てほしい、自分を愛してほしい**」と心の奥底で願っています。でも大勢の子どもがいる教室で、たったひとりの子どもを見続けていることはできません。

そうしたときは、騒いでいる子どもに、「今、教室で騒ぐと授業ができなくなるから、ちょっとこっちへおいで」と、とりあえず教室のすみに連れていって「あとでゆっくり私とお話をしよう、授業が終わったら先生が来るから、ここで待っててね」と声をかけて、授業に戻り、授業のあとで「どうして騒ぎたい気持ちになったの?」とゆっくり話を聞くようにしました。

また、校庭での体育の授業が終わり教室に戻るときに、「戻らない」「イヤだ」とわめき始めた子がいました。校庭でその子につきっきりになるわけにはいかないので、やむを得ずほかの生徒と一緒に教師である私は教室に戻るのですが、「じゃあ勝手にしなさい」と置いてきぼりにするのではなく、何度も「教室で待ってるよ」と必ず声をかけます。「教室のほうが楽しいことあるよ」「みんなで待ってるよ」と言い続ける。騒いでいる子どもも疲れますから20分ももちません。わめくのに疲れた頃に「待っていたよー」と声をかけて、静かになったところで「うん、静かでいられるね。そういう状態なら先生と落ち着いて話ができるね」と、言葉を選んで確認しながら、少しずつ話をしていました。

子どもが自分に関心を引くために騒いでいる場合の対応は、３つあります。

①注目を与える　②注目を与えない　③無関心

①の「注目を与える」というのは、騒いでいる子どもをなだめようとすること。「騒ぐのをやめなさい！」と叱るのも、同じことです。

②の「注目を与えない」と、③の「無関心」は一見似ていますが、実は大きく違います。「無関心」というのは、まったく相手にせず完全に無視することで、これは一番やらないほうがいい対応です。子どもが不適切に騒いだり暴れたりしているときにふさわしい対応は、②の「注目を与えない」です。「そこにいてもいいよ。でも騒いでいる間はあなたに特別に注目しない

よ」ということを言葉だけでなく、態度でも伝える必要があります。

日本のアドラー心理学の大家である野田俊作氏は、**「電話を切ることと、電話で無言でいること」**の違いを使って、これを説明されています。

電話の相手に「無言」でい続けることと、「電話を切る」行為とはまったく違います。「無関心」は、電話を切ってしまう行為で、「注目を与えない」は、無言だけれども特別な対応はしない、無視はしない、そこにいることも知っているし、声は聞こえているという、見守っている状態に近い。**電話をがちゃんと切らず、そのまま黙っているのが「注目を与えない」ということ**なのです。

だから無視するのではなく「注目を与えない」対応が一番いいということになります。

「注目を与える」「注目を与えない」の根本には愛があり、「無関心」には愛がありません。

シチュエーションに合わせて、「注目を与える」「注目を与えない」を使い分けていきましょう。

こんな言葉で伝えよう

✖ 騒ぐのをやめて。なんとかしなさい。

◯ どうしても騒ぎたかったら騒いでいてもかまわないよ。私たちはあっちに行ってるから、静かに一緒に過ごしたくなったら、おいでね。

「何をしてもカワイイね」では、むしろ子どもはムカつく

子どもが幼児期に「それもこれも嫌い」「行きたくない」「着替えたくない」「寝たくない」という、態度を取るときの気持ちというのは「どんなわがままを言っても、いつもかわいがってもらいたい」と思いながらも、それと同時に「上から目線でカワイイ、カワイイと言われるのもなんかムカつく」というものです。

アドラーはこうした時期を「**反抗期**」ではなく「**自立期**」ととらえ、相手に単に関心を向けて叱ったりするのではなく、「相手の関心」そのものに関心を向けて「**本当はどうしたいの？**」「**（その行動には）どういう理由があるの？**」と、大人に接するように「ヨコの関係」で接すると、子どもは反抗する代わりに「本当はこうしたかった」ということを少しずつ話してくれるようになると言っています。多くの場合、子どもは自分の考えや気持ちをうまく言葉で説明することができません。自分でも混乱しながら、駄々をこねていたり、親の気を引きたくてこうした行動に出るのですが、おかあさんがそれに気づけないこともよくあります。

何か問題になるような行動があったときは、最初に「どうしてそれをやってるの？」と問いかけることは大切です。それが「いけないこと」だとわからずにやっているのであれば、先ほどのように「なぜいけないのか」を理解してもらえるようにすればいいのですが、「**悪いとわかってい**

るのに何度も繰り返す」場合には、子どもの「気持ち」をゆっくり聞いてあげる必要があります。

「もしかしたら私の関心を引きたいのかも」と思ったときは、特によく聞いてあげてください。「ダメなことがわかってるのにどうしてやったの?」と聞いて「なんとなく」と言うのならば、「何かモヤモヤしてることがあるのかもしれないね」と、子どもが少しでも自分の気持ちに気づいたり、話しやすいように語りかけ、そのうえで「どんなことがイヤだなと思ってる?」と年齢に応じて聞いてあげるといい。

大人にとっては、たわいもないことかもしれませんが、子ども本人にとってはこだわりがあったりします。ですので、まずは、何でも話をよく聞いてあげることが大事です。明確に「これこれこういう点が気に食わないのです」なんて話せる子どもはいません。「なんとなく朝がイヤなんだ」と言ってくれたなら、「なぜ?」「どうして?」と問い詰めず、「そうかあ、おかあさんも朝イヤだなあと思うことあるよ」と共感して受け止めてあげる。そうしてたわいもない話をしているうちに、気持ちが落ち着いてくるようなこともよくあります。

子どもは「**大人の本気度を測る**」こともよくします。一例を挙げれば、フィールドアスレチックなどで「自由に遊んでいいよ!」と言うと、ギリギリ危ないことをしてみせて、「それは危険だからダメ」と止めると、「なんだ自由っていってもこれはダメなんだ」「なんでもいいとか言って口だけじゃん」などと、いろいろ試してくる。大人の軸がブレないかどうかを見ているんですね。

また同じように「**愛情を試す**」こともします。例えば、金持ちの親に「自由にしていい、お小遣いもたくさんあげる」と言われて、毎日渋谷のセンター街で遊んでいた女子中学生が、初めて父親に本気で怒られて大泣きし、やっと親の愛情を理解して非行をやめた、というような例があります。結局のところ、怒るか怒らないかではなく、根本的に本気で子どもを愛していることが伝わるかどうかがもっとも大事です。

アドラーは「**フラットなヨコの関係がもっとも大切だ**」と言いますが、何も絶対に叱ってはいけない、ということではないのです。「フラット」を意識するあまり、必要な場面でも叱れなくなってしまう、というのは本当の意味でのフラットではありません。

大人も悲しくなったり、怒りたい気持ちになることだってあります。それを落ち着いて静かに伝えること、ときには、本気で怒鳴ることのほうが、伝わることもあるのです。

こんな言葉で伝えよう

✖ **恥ずかしいから、そんなことやめなさい！**

〇 **あなたがそんなことをしたら、おかあさんは悲しい。だからやめてほしいの。**

ケンカ！　どうしたらいい？

「ほしいおもちゃを友だちから取り上げてしまう子」というのは、そのままにしておくと、いじめっ子になるか、反対にいじめられっ子になる可能性が高いものです。人の立場や気持ちを考えずに、自分勝手な行動をして、嫌われっ子になってしまう。

砂場などで友だちのおもちゃを無理やり取り上げようとしているわが子を見たとき、みなさんならどうするでしょう？

「何やってるの！　返してあげなさい!!」と叱る人もいれば、反対に何も言えず、なんとなく「見守っている体《てい》」でほったらかしにする人もいるでしょう。遊びの場であまりガミガミ言いたくはない、あまり厳しく叱るとまわりのおかあさんが引いてしまう、子どもはこうしたおもちゃの取り合いをしながら自然に成長するはず、でも一応は叱らないとおもちゃを取られた子どものおかあさんに嫌われそうなど、いろいろなことを考えた結果、「叱る」か「放置」になってしまう。

実は、このどちらもお勧めはできません。

電車の中で騒いでしまう子どもに接するのと同じことで、最初に「あのおもちゃで遊びたいんだね」「面白そうだもんねえ」と共感してあげることです。

そのあとで、「**でも、もしあなたが今楽しく遊んでるおもちゃを、友だちにいきなり取られちゃったらどう思う?**」と聞いてあげたら、子どもは「イヤ!」と答えるはずです。そこで初めて「**そうだね、あの子もおもちゃを取られてすごくイヤだったと思うよ。すごく悲しいと思う**」「**じゃあどうすればいいかな。例えば、あなたのおもちゃと取りかえっこしよう、と頼んでみたらどうだろう**」という考えを促してあげるのです。そうすれば、子どもは自分のおもちゃを持って「僕のを貸すからそれ貸して」と交渉を持ちかけるという手段があることを知ります。「取りかえっこ」を提案したとたん、すぐさま自分のおもちゃを抱えて「交渉」に乗り出す子もいます。相手の利害や気持ちを考えることができれば、自分の意見を通し、かつケンカにならず相手からも嫌われない方法を学べます。

この項の最初に「おもちゃを奪う子」は「いじめっ子かいじめられっ子、もしくは嫌われっ子になる可能性が高い」と言いましたが、実は**現代の日本では「奪う子」よりも「ガマンしてしまう子」のほうが多い**のです。「ガマンする子」は、大人から見れば「おとなしくていい子」なのですが、そのガマンが子どもの中にたまって、どんどん大きくなるケースがあります。

成長してから、たまりにたまった不満や怒りをぶちまけてしまう、ということも出てきます。こうならないためには、子どもの頃から、ガマンするのではなく、自分の気持ちに気づき、相手の気持ちも想像し、そのうえで「どう伝えたらいいのか?」を考えられるようになればいいのです。相手の立場で考えてみて、自分だったらどう感じるかを考え、そのうえで「解決策」、例えば砂場では「おもちゃの取りかえっこ」を提案する、いい解決方法が思いつかずに提案できなくても、それぞれの気持ちや考え、状況をテーブルに出して、相談できれば十分です。

これは、最初から「おもちゃはときどき交換しながら遊びましょう」などいう「ルール」をつくることがいいというわけではありません。これでは**「なぜ交換しなければいけないのか」**を子どもが考え理解することができないからです。

これは、大人にも、ぜひ身につけてほしいことのひとつです。大人と子どもで意見が違うとき、「大人の言うことを聞きなさい」ではなく、「○○ちゃんはどう思うの? そうだよね、理由も教えてくれたら嬉しい」「そう思うんだね。私はこう思う。なぜなら、○○だから」というように、相手が子どもでも対等な考えや意見としてテーブルに出し合って、話し合って決めていきます。こんなプロセスがあると、子どもはたとえ自分の意見がすべて通らなくても、納得できるし、協力的な態度を取ろうとすることが増えていきます。

生徒が教室でケンカを始めたときの梶谷さんの対応をご紹介しましょう。

子ども同士、どうしてもケンカになるときはあります。私は「子ども時代のケンカ」は歓迎すべきものだと思っています。

「どうしてもケンカになっちゃったら思い切りしたらいい。でもほかの人の迷惑になるから外の砂場でやってね！」と、外に放り出して思い切りケンカができるように促すこともあります。砂場でケンカを再開したとしても、すぐ「もう大丈夫です」と言って戻ってきます。「ケンカをやめなさーい！」と怒鳴るより、「じゃあ、落ち着いて砂場でケンカしてきなさい」と言われるほうが、子どもの側も「なんでオレたち今そんなに興奮していたんだろう」「それほどケンカしたかったわけじゃないし」というところに気づくようです。

上から目線で「ケンカ」に罰を与えるのではなく「2人でケンカしたいならしていい」と認め、「ただ教室ではみんなが迷惑するからダメよ」という対応の仕方は、怒りを抑圧するものではなく、子どもたちが「このケンカは必要ないかも」ということに自分たちで自然に気づけるきっかけを与えています。

そして教師という立場上、どうしても子どもを叱らなければならない場面も多い梶谷さんは、**「怒る基準」を事前に明確に宣言しておく**ことを心がけていると言います。小学生のクラスの担任になったら、初日に「こういうときは怒ります」と伝えるそうです。

梶谷さんの場合、それは以下の3つです。

「命に関わるような危険なことをしたとき」
「相手が(肉体的、精神的に)傷つくとわかっていて傷つけたとき」
「やればできることなのに3回注意してもやろうとしなかったとき」

おかあさんやおとうさんも、「子どもにどんなことは絶対にしてほしくないか」について、叱る基準や事柄を明確にしておいてはいかがでしょう？

折に触れ、親の価値観として伝えておく。そして、子どもがそれを破ったときには、本気で叱る。そのブレのない親の態度から、子どもは「生きる姿勢」について学んでいくのではないでしょうか。

こんな言葉で伝えよう

✖ケンカはやめなさい！

○ケンカはしていいけれど、やるなら校庭で思い切りやってね。

不登校になった子どもにどう対応したらいい？

不登校についての相談も、近年少なくありません。これにはさまざまな理由、また子ども自身の状況や家庭環境など、いろいろと条件に違いもあるので、一概に「こうすればいいでしょう」という単純なアドバイスはできません。それでもやはり、なんとかしたいケースです。

ひとつだけ、最初に言えるのは、おかあさん自身が「どうしよう、どうしよう」と心配に意識を奪われすぎて、最終的に「私が悪いんだ」という状況に陥ってしまっても解決には至らないということです。子どもは親のその状態を見て罪悪感を抱いて自分を責め、ますます学校に行ける状態から遠のいてしまうという悪循環を招きます。

不登校を心配して、あの手この手で「学校に行きなさい」と言い続けたけれど、親がカウンセリングなどを通じて「**学校なんか行かなくても別にいいのよ**」というふうに180度方向転換したら、子どもは不登校児たちが通う高校に進学し、大学にも通うようになったというような例は数多くあります。

最近は不登校児を抱えるおかあさんたちの情報交換の場も、リアルでも、オンラインでも増えていて、当事者たちの知識も昔より格段に多くなっています。だから不登校児に対して、親が「学校に行け！」と言わないほうがいい、ということはだいたいの人が知っています。

でも「頭ではわかっているつもりだけど、どうしても学校に行ってほしいと思う自分がいて、そう思う自分を責めてしまう」という人も多く、問題は複雑です。

親が、不登校になった子どもに「学校に行ってほしい」と願うのは当たり前です。自分が学校に行っていたときの楽しい記憶をもとに、子どもにも学校に行ってほしい、楽しい学校生活を送ってほしいと思うことは悪いことなどではありません。

ただ、「みんなが行ってるから行きなさい」ではなく、**「おかあさん自身はなぜその子に学校に行ってほしいと思っているのか」「学校に行くことでどんなメリットがあると思っているのか」**を伝えてあげてほしい。おかあさんには「お子さんに問題があるから不登校になったわけじゃありません。もちろんおかあさんが悪いわけでもない」ということをまずお伝えしたい。

そもそも学校というのは変な場所なんです。集団生活というのはストレスの多い環境です。イヤな思いをたくさんして、たくさん戦った結果、お子さんが**「みんなは行っているけれど僕は学校に行かない」という選択をしたことは素晴らしいことなんです。**

お子さんの心が疲れ切っている状態にあるんだったら、しばらく休ませてあげましょう。

学校に行かずに生きていく＝フリーランスで生きていく

しばらく休んで気持ちが落ち着いてきたようだったら、何があったかのか、気持ちを少しずつ聞いていく。その話の中にお子さんが大切にしていることや、本当にやりたかったこと、頑張ったけどどうにもならなかったことなどが見えたときに、「ではこの子に合った環境ってなんだろう」と考えてあげる。

元の学校に戻るのか、転校するのか、フリースクールに行くのか、家でなんらかの学習をするのか、選択肢はいろいろあります。いずれにせよ、「**学校に行かなくても立派な大人になった人はたくさんいるので、安心して、お子さんと一緒にいられる今の時間を大切に楽しんでください**」ということを伝え続けています。

不登校の子どもに対してアドバイスする場合、梶谷さんはよく「**学校に行かずに生きていく**」ということを、大人が「**フリーランスで生きていく**」ことにたとえて話しているそうです。

学校に通うということは、大人の場合なら安定した大企業に就職するようなものです。

全部自分で決めなくても、やらなければいけないことはだいたい指示されるし、決まった額の給料ももらえる。学校だって時間割が決まっていて、通っていさえすれば、ひと通り日本人に必要な一般常識のパッケージが学べる場所です。どちらも、たくさんの人が通ってきた舗装道路を歩くようなもので、落とし穴はないし、岩がゴロゴロ落ちているわけでもない。みんなが横に並んでほぼ無事に歩ける道ということです。

「大企業の会社員と違ってフリーランスは決まった時間に通勤しなくてもいいし、上司に叱られることもないし、いじめられることもない。ただし、何があるかわからないし、上司は指示をくれないし、教えてくれる人もいない。今日1日何をするか、将来どうやっていくらお金を稼ぐのか、全部自分で決めなくちゃいけない。学校をやめるという決断は選択肢のひとつだと思う。けれど学校に行かない代わりに何をするのかは自分で考えなくてはいけないんだよ。1日中ゲームして、YouTubeを見てゴロゴロして、おかあさんに文句言ってるだけだったら、それはただの反抗的なニート。それで大人になったら、今度こそホントに困るよ」。

そうしたやり取りをしているうちに、別に学校が嫌いで行かなくなったわけではない場合ならば、「じゃあ、やっぱり行ったほうがいいなあ」と、あっさり通うようになる子もいます。

どうしても学校なんかに行かずYouTuberになりたいんだという子なら、「**じゃあ、どうすれば一流のYouTuberになれるのか一緒に考えよう**」と話を進めたりします。とにかく「自分の将来は自分で選ぼう」という気持ちになれるように接するのです。

ただ、クラスでいじめられて不登校になったような子どもについては、「**それは会社にたとえるならうっかりブラック企業に入ってしまったようなものだから、そんなところにはもう行かなくていい**」とハッキリ言います。

転校を考えてもいいし、1年休学して新しいクラスに入るのを待ってもいい。心がすっかり疲弊している場合は「1年休んでもいいんだよ」とアドバイスすることもあります。

こんな言葉で伝えよう

✖ みんな行ってるんだから学校に行きなさい。学校に行かなかったらあなたが困るのよ。

○「学校に行かない」という選択について一緒に考えよう。そして、休んでいる間、どんなふうに過ごすといいかも考えてみよう。

小さな心配「爪噛み」や「おねしょ」はどうすればいい？

そもそも子どもの「問題行動」とか「心配な行動」を、どこで線引きするのかと言えば、それは**「周囲に迷惑をかけているかどうか」**です。

例えば子どもがおねしょをしていたとして、それが、本人のためにはならないかもしれないけれども、特段、誰かに迷惑をかけているわけでもありません。もしそうなら、「問題」や「心配」に目を向けすぎなくて大丈夫です。子どもに関するどんなことであれ、おかあさんが過剰に感情的になって心配しすぎてしまうと、それが悪循環を引き起こしてしまうこともあります。

心配する気持ちはよくわかるのですが、あまりにもまわりの大人が感情的になって心配すると、子どもは「僕はそんなにダメなんだ」と、やる気や自信を失って「自己肯定感」が下がってしまいます。むしろおかあさんが**「そのくらい大丈夫よ、たいしたことじゃない」**という態度でいるほうが、子どもに安心感が伝わって落ち着いて対処できるようになったりします。

発達段階のおねしょ、おもらしなどは、成長の過程で起きるごく普通のことくらいに考えて、おおごとにしないであげましょう。おねしょに限らず、子どものことを気にしすぎているな、と感じたら、おかあさん自身が自分のための時間をつくって楽しみ、リラックスするようにしてみてください。

爪噛みの心配についても同じです。

爪を噛む、という行為の発生要因は、ストレスや心配、不安などと言われているのですが、そもそも、子どももおかあさんもおとうさんも、社会の中で、誰もが多かれ少なかれストレスを感じているわけで、「**爪ぐらい噛んでいないとやっていられない**」と思うほうが普通なくらいだと考えていればいい。

大人になってもつい爪を噛んでしまうという人は結構います。しかし、女の子だと、ちょっとおしゃれに目覚めてきれいにネイルをしたい、と思ったとたんに直ってしまう場合もあります。男の子も好きな子ができたとたんに爪噛みをやめたりします。

私が相談を受けたある中学生は、自分で髪を抜き続けてしまうことがやめられませんでした。「**抜毛症**」と言われるものですが、よく話を聞いてみると、「自分が髪を抜いているときだけ、おかあさんがガミガミ言わなくなる」というのです。「ほかの方法でおかあさんにガミガミ言われなくなる方法はないの？」と聞いてみると、「大学にでも行ってひとり暮らしをするしかない」という返事が返ってきました。

といっても、今すぐ大学に行くわけにもいかないし、しばらくはおかあさんの庇護のもとで暮らさなければいけません。

「どうする？」「どうしようもないよ……」と2人で言い合っていましたが、結局、「じゃあ、どうしようもなくなったら、できるだけつらそうな顔をしておかあさんの前で、髪の毛抜こうか」ということになりました。

おねしょ、おもらし、爪噛み、髪を抜くということについての相談はもともと多かったのですが、最近さらに増えているように思います。

小学校の先生に聞くと、5～6年生の担任になって、宿泊学習の前になると、かなり多くの親御さんからおねしょの相談を受けるそうです。

まずは**「心配ない」「珍しいことでもなんでもない」と、親子ともに思えるようになることが大切です。**おかあさんも「心配」だとは思いますが、基本的にはたいしたことではないこと、別に悪いことをしているのではないことを子どもに伝えたうえで、心配を解消する方法を先生と一緒に考えてあげてください。

現代の社会も学校もストレスにあふれています。違和感を常に抱えていても暴れるわけにもいかないということを子どもたちはどこかでわかっています。だからその代わりに爪を噛んだり、髪を引き抜いてしまったり、おねしょやおもらしをしたりという形で現れるのでしょう。

ただ、こうした行為は、**「自分はずっとストレスを感じている」という子どもからのサイン、**

SOSである可能性が高いことには注意が必要です。

「悪いクセだから」「みっともないから」「ほかの人はやっていないのだから」などの理由で、無理に直させるのではなく、なるべく気にせずに、さりげなく見守りつつ、「どんなところでストレスを感じているのかな?」と気にしてあげてください。

安心できる時間を一緒に過ごしたり、「**最近なんだかつらそうだけど、何かイヤなことがあるの?**」と、話を聞いてあげる時間を取れるようになるといいでしょう。

こんな言葉で伝えよう

✖ みっともないからそのクセはすぐ直しなさい!

〇 おかあさんは別に気にしていない。でも直したいと思っているなら手伝うよ。

★前野教授の「幸福学」から見た第3章のポイント

「勇気づけ」になれば子どもを叱ってもよい

人を適切に叱ること、人に対して適切に怒ることというのは、どんな場面であっても、相手のためを思ってのことであったとしても、なかなか難しいことです。

中でも一番大事だと思うのは、怒る側が「自分がどうして怒っているのか」を理解していることです。前作の『幸せに生きる方法』でも平本さんと話しましたが、「怒る内容と理由」が明確ではないと、叱ることで子どもの「勇気」も「やる気」もくじいてしまう。

アドラーの真髄のひとつは「**勇気づけ**」(エンカレッジ＝encourage)と、「**勇気くじき**」(ディスカレッジ＝discourage)の対比にあります。

勇気づけは、相手の自己受容、他者信頼、貢献感のどれかひとつでも上げること。

勇気くじきは、相手の自己受容、他者信頼、貢献感のどれかひとつでも下げること。

叱るでもなく褒めるでもなく、「勇気づける」ことが大事なのだ、というアドラーの考え方にはとても共感できます。でもそれは「叱ってはいけない」という意味ではありません。場面によっては勇気づけるために「本気で叱る」ことも必要になってくる。

ただし、そのときに大人は、ただ感情に任せて怒るのではなく、「なぜ叱っているのか」についての理由を自分自身で理解しておかなければならないということなのです。

先生や親御さんというのは子どもに対して怒れる唯一の存在だと思います。社会の流れとして、自分に関係のない子どものことは放っておく風潮があるので、子どもが自立と協力を体得できず、そのままだと将来大人になったときに困ることになってしまうという危惧があります。親と先生は叱ることができる貴重な存在なので、叱る事象にレベルを設けて、命に関わることをしたらこれくらい怒る、人を傷つけたらこれくらい怒る、というようにするべきですし、する責任があると思います。

前章のまとめでも述べましたが、欧米だと「あなたはこんなに自由にしてかまわない。でもここから先のことをしないでね」という言い方をします。これに対して日本の場合は「あなたはここからここまでのことしかしてはダメ」と「ルール」を教えようとしがちです。しかも理由をちゃんと説明しないあたりは、意識して改善していく必要がありそうです。

「叱る」を引き算するワーク

僕はある講座で「引き算」というワークをしています。1週間、何か自分にとって大切なものを引いてみましょうというワークです。スマホを引いたり、お化粧を引いたり、エスカレーターを引いたり、みなさんいろいろなことにチャレンジされるんです。

あるおかあさんが自分の子どもを「叱る」ことを引き算したんです。それで、子どもがやりたい放題になってしまうかと心配していたら、全然いい子だったそうなんです。叱らずに1週間優しく見守ったら子どもは叱られるようなことを何もしなかった。そのおかあさんは「私は今まで何をしていたんでしょう。今まで思いっきり叱っていたのにまったくそんな必要はなかったんですね」と言っていました。

それを別のおかあさんもやってみたそうです。そうしたら、そのご家庭の場合は大騒ぎになってしまって大変だったそうです。この違いは何でしょう？　ひとりめのおかあさんはアドラー流として成功したのに、2人めのおかあさんは何がいけなかったんでしょう？

平本さんに聞いてみました。

「アドラー的な考え方で言うと、ひとりめの子は自分がやりたいことがあるときにごちゃごちゃ言われなくなったことで、いい子になったパターンで、2人めの子はこれまで怒られることで親の気を引いていたので、怒られなくなったらもっと気を引こうとして大騒ぎをしたというパターンですね」

なるほど〜。

子どもの不適切な行動の目的と、その対処法も前作で平本さんに教えていただきました。

まずは子どもの不適切な行動の4つの目的です。

【子どもの目的】①注目を引く⬇②権力闘争⬇③復讐⬇④無気力を示す

【親・大人の感情】①やっかい⬇②腹が立つ⬇③傷つく⬇④あきらめる

これに対処する方法がこちら。

ステップ1＝不適切な行動に注目しない。

ステップ2＝適切な行動に注目する。

ステップ3＝適切な行動をしているほかの子どもに注目する。

適切な行動とは、ふだんの生活で子どもがなにげなくやっている当たり前のことを通じて、「悪いことをしないほうが注目してもらえる」というメッセージを伝えるわけです。

第4章
子どもの話をちゃんと聞くために

「話を聞くこと」と「質問すること」

ここまで何度も、子どもに対する問いかけ方、向き合い方として、「**あなたはどうしたい？**」がまず大切なことをお伝えしてきました。

明日がテストなのにさっぱり勉強を始めずにゲームばかりやっている子どもに、おかあさんは、本当は「**いいかげんにしなさい！　明日テストでしょう。勉強しなさい！**」と怒鳴りたいところ、ぐっとガマンしたとします。しかし、いきなり子どもに「あなたはどうしたいの？」と聞いても、子どもは「別に」とか「ゲームやりたい」くらいしか答えないかもしれません。むしろそういう返答のほうが多いでしょう。

「あなたはどうしたい？」の入り口はさまざまですが、例えば今日の予定を質問することから始めてもいいでしょう。「**今日は何時に寝ようと思ってるの？**」「**テストの教科は何かな？**」「**じゃあ○時に寝るためには、何時から何時までテスト勉強をすれば終わると思う？**」など、未来から逆算して、ゲームや宿題のスケジュールを考える習慣をサポートします。これを繰り返していくと、先回りして自分で考えたり、自分で決められるようになっていきます。

このように自分で決めた時間があれば、ゲームをしていても、少しの声かけで自分で決めた時間までにゲームを終えることができるようになります。怒られるんじゃないかという怯えや罪悪感もなく、心置きなくゲームに熱中できるので、スパッとやめられるのです。

子どもは、**「ゲームをすると怒られる」という罪悪感やストレスを、ゲームで発散させようとする**ことがあります。矛盾するように聞こえますが、「ゲームをすると怒られるから勉強しよう」というように前向きにはならないのです。

自身でスケジュールを決めた「主体的」なゲームであれば、「勉強が終わったらまた遊ぼう」という好循環にもつながっていきます。

こんな言葉で伝えよう

×明日テストでしょう！　勉強しなさい！

○宿題ってどれくらいあるかな？
○時に寝るためには、何時から何時まで宿題をすれば終わると思う？

塾に行きたくない子どもにかける言葉

気分が乗らない日や、やる気がどうしても出ないことは誰にでもあります。その気持ちに気づいてそのまま口に出せるほうが、思いのほか早く、気分ややる気は復活します。

例えば、塾に行く日なのに、なんとなく気乗りしないということを正直に言い出せず、ぐずぐずしている子どもに、**「さっさと用意して家を出なさい」「病気じゃないなら行きなさい」「塾に行っちゃえば元気出るわよ」**と叱ったりハッパをかけたりしてばかりだと、子どもは嘘をついてサボらざるを得なくなってしまいます。

一方で、「今日は宿題も多いし、来週の試験の勉強も始めなくちゃいけない。でもどうしてもやる気が出ない。塾を休んでもいい？」というように、自分でちゃんと言える子どもは、そんな自分のことも認めている自己受容がある子だと言えます。

「行きたくない」が続いているのなら、「じゃあやめなさい」「行きたいって言い出したの、自分じゃないの」と怒ってやめさせてしまうのではなく、**「どうしてやめたいと思っているの？」「どんなことがイヤになったの？」**ということをよく聞いてあげましょう。「どうせ塾に行っていない友だちと遊びたくなったんでしょう」「家でゲームしてたいんでしょ」「もう飽きちゃったわけね」などと先回りせず、フラットな目線でよく聞いてください。

また、お子さんと話しながら「私自身はどうして塾に行ってほしいと思ってるんだろう」と自分にも問いかけてみましょう。「子どもが塾に行っていさえすれば、とりあえず勉強してるな、と安心できる」「子どもがいない間に家事がはかどる」「ほかの子どもと同じように通っているだけで安心する」というような理由に気づいたとしたら、「なぜ勉強していないと心配なんだろう」「家でも勉強できるように一緒に工夫できないかしら」「子どもがいても家事がはかどる方法もあるはず」と、考えるきっかけになるでしょう。

要するに、「塾に行く」「行かない」はどちらでもいいのです。それぞれが、**「自分は本当はどうしたいんだろう?」**と考えて、その実現に向けて、相談したり、協力しながら取り組んでみる。その試行錯誤から、**「自分で選択してその結果の責任を取る」**という社会に出てからも自立して生きていくための練習をすることができるのです。

こんな言葉で伝えよう

✕ 塾に行きたいといったのは自分じゃないの? イヤならやめなさい。

○ どうして行きたくなくなったの? 何がイヤなのかを明らかにして、どうしたらいいか一緒に考えよう。

つらそうにしている子どもにどう声をかけるか

ただただ、話を聞き続けることが必要なケースもあります。

そんなときは、大人が自分の意見を言う必要はありません。「**子どもが話したいことをまずは全部受け止めよう**」という気持ちで隣にいてあげてほしいのです。場合によって、話すこと自体が子どもの負担になるようなときは、しばらくひとりにしてあげることも大事です。

「聞く」ことは、簡単なようでいて、ちょっと難しいことでもあります。

「聞く」とは、「質問すること」「質問の答えを求めること」ではありません。 しかし話を聞いてあげるつもりが、いつの間にか「質問ぜめ」になってしまったり、ときにもっと厳しい「詰問」になってしまったり、「ホントはこうだったんでしょ？　こう思ってるんじゃないの？　そうなんでしょ？」という誘導や押しつけになってしまうケースも少なくありません。

「聞く」とは、「**大人が聞きたい言葉を子どもから引き出す**」ためのものではありません。「**子どもが話したいことを安心して話す**」「**それを聞いて受け止める**」という時間なのです。

アドラーはこうしたときに「**相手の目でものごとを見て、相手の耳でものごとを聞き、相手**

の心でものごとを感じる」ことの大切さを説いています。

自分が子どもと同じ年齢になった気持ちで、子どもが抱えている問題や課題は子どもの目線だと、「どんなふうに見えているんだろう?」「どんなふうに感じているんだろう?」と、なるべく同じ目線を意識してみてください。そうすることで、今はアドバイスがほしいのか、放っておいてほしいのかがだんだんとわかってきます。

子どもでも「ひとりにしてほしいとき」は必ずあります。そう感じたときは、「**おかあさんに話したくなったり、助けてほしいことがあったら言ってね。いつでも聞くから**」というひとことをつけ加えてあげてください。そうすることで、「放置されてしまった」「もう誰の助けも求めることができない」と子どもが感じることを防ぎます。今はあえてひとりにしておくけれど、決してあなたを忘れて無関心になるわけでも、見捨てるわけでもない。ずっとちゃんとそばにいるし、いつでも耳を傾けて応援する用意があるよ、というあなたの本音を必ず伝えましょう。

前述した通り、「**電話を切る**」**のと**「**黙っている**」**の違い**です。「がちゃん」と切るのは無関心そのものの行為ですが、「黙っている」のは無関心とは違います。あえて干渉はしないけれど、あなたがそこにいることはわかっている、あなたのことを大切に思っているよということを伝え続けることが大事。そして、そのような内面の思いは、ちょっとした態度で伝わるものです。

子どもが何も話してくれないときに

これは、夫婦でも恋人同士でも、上司と部下でも同じ悩みを持つ人は多いと思います。一般的に、「相手が何も話してくれない」場合には以下の3通りのパターンがあります。

①話したい相手ではないから

②今は話したくないから

③どう答えたらいいかわからないから

もし「あなたには話したくない」という心理的な抵抗がある場合は、その相手が「**心理的安全性**」を感じられるための基盤となる信頼関係を築く必要があります。この人になら話したい、話しても大丈夫、聞いてほしい、と思えるようになったら「心理的安全性」があると言えます。

おかあさんが「ちっとも話してくれない」と思うときに、「なんでも話してね」「今日はどうだったの、何があったの」「困ったことは必ず言ってね」「なんでも言いなさい」と押しつけ続けると、結局「どうして話してくれないの！」と怒ってしまったり、話してくれないことを悲しんだり、心配したり、自分が悪いのだろうかと責任を感じてさらに悩んでしまうことになります。

自分が今の子どもの年齢だった頃を思い出してみてください。「親に何でも話せ話せ」と言われ続けたら自分なら話すだろうか？　どんなときに親に話をしたかっただろう？　話したくなかったのはなぜだろう？　と昔を思い出してみるのも、いいかもしれません。

「すぐに話してほしい」と思うのは、おかあさん自身の不安を解消したいからで、おかあさん自身があせっているからかもしれません。「話してほしい、すぐ話してくれないとすごく不安だ」という不安やあせりの気持ちを持ったままだと、子どもはおかあさんに「心理的安全性」を感じられらず、今は話すのをやめておこうということになります。

不安のあまり顔を見るたびに「何があったのか話して。どうしたの？　なんで黙ってるの」と問い詰めるのはちょっとやめて、趣味でも仕事でも家事でも、おかあさん自身が少しでも好きなことや、やりたいことに没頭しましょう。すぐに結果を出そうとあせらなくていいのです。子どもにも「自分で解決したい」「自分でなんとかしのぎたい」というプライドがあったりします。子どものペースに任せて話したくなるのを待ってあげてください。

「**今日学校どうだった？**」と聞いても、何も答えてくれない。「**別に**」か「**普通**」しか返ってこない、という声はよく聞きますが、こんなとき子どもは、話したくないわけではなく、どう答えたらいいかわからなくて適当に答えてしまっているだけの場合があります。「学校どうだった」と聞かれて、「本日は1時間めの国語の授業が大変楽しく、手を挙げて○○について答えたら、褒められて嬉しかったです。そのほかの教科では特に問題はありませんでしたが、帰り道で○○くんとゲームの攻略法を語り合い、そのうちにケンカになりそうでしたが、すぐ和解して今度一緒にゲームをすることになりました」なんて言ってくれる小学生は絶対にいません。

子どもに学校のことについて話が聞きたいなと思ったら、子どもが興味がありそうなことや答えやすそうなことから、具体的に聞いてあげてください。

サッカーが好きな子なら「**今日のサッカー楽しかった？　どんな練習したの？**」と具体的な場面を想像しながら質問すると、子どもは答えやすくなり、それ以外のことも話しやすくなります。

こんな言葉で伝えよう

✖今日はどうだった？

〇今日の給食焼きそばだったんでしょ。おいしかった？

〇大好きな体育があったんでしょ。今日は何をやったの？

子どもに向き合うときは「ながら」をやめる

もうひとつ、結構ありがちなのが「おかあさんのスマホ」です。

スマホを見ているおかあさんは、すぐ近くにいても、一緒にいてくれないのと同じことです。スマホを見ながらでも、おかあさんはごはんを食べさせたり、服を着替えさせたりと、育児はしているけれど、意識はスマホに行ってしまっている。いつも「ながら」で話を聞き流しているのに、いきなり勉強のことになったとたん、「あなたはどう思うの?」などと言われても、子どもはそう簡単に心を開いてくれないでしょう。

とにかく忙しくてなんでも「時短」「マルチタスク」の「ながら」になってしまいがちな私たちの生活ですが、ときにはせめてスマホをしまって、ちょっとしたことでもいいから子どもと一緒に過ごす時間をつくってみましょう。

「子どもに関心を持つ」より「子どもの関心」に関心を持つことが、一緒に過ごすときのポイントです。

「子どもの関心」におかあさんが関心を持つとは、どういうことでしょうか? 例えば、マンガが好きな子がいたら、「この子はマンガに夢中になりすぎて勉強時間が足りない」などと評価判断をいきなりせずに、「マンガに夢中だけど、どんなマンガが好きなのかな？　気に入ってるのは、ストーリーなのかな？　それとも登場人物なのかな？」などと、その子の目線で、どんなことに関心があるのか、そして、その活動から、どんな体験をしているのか、どんな感情を味わっているのかについて、こちらの関心を向けて話を聞くのです。

「子どもの関心」に関心を持つことは、信頼関係を築いていく第一歩です。自分の関心事を否定せず、関心を持ってくれる人に人間は心を開きます。これは大人も子どもも同じことです。

こんな言葉で伝えよう

✖ゲームばっかりやってんじゃありません！

○どんなゲームやってるの？　おかあさんにもちょっと教えてよ。

子どもが間違えた発言をしても、そのチャレンジを褒めよう

もし子どもが手を挙げて間違えた発言をしてしまったとしても、まず**手を挙げて自分の意見を発信したこと**に注目してみたら、どうでしょうか？　**「手を挙げて、自分の意見を言えたね」「勇気を出して、チャレンジできたね」**。そんなふうに、大人が声かけしたとしたら、子どもも、間違えたことよりも、チャレンジできた自分に意識が向き、「手を挙げて言えた。次は、もっと頑張ろう」と前向きに失敗を乗り越えていけます。

一方で、「せっかく手を挙げて発表しても間違えたら意味がない」などと結果にだけ注目してしまうと、「失敗した自分はダメな人なんだ」「失敗すると人からの信頼を得られなくなってしまうんだ」と過度に失敗を避けたり、恐れたりするようになってしまいます。同様に大人も間違えていいんです。おかあさんも、おとうさんも、先生も、間違えたときに**「今、間違えたこと言っちゃった。本当はこうだね」**というように素直に間違いを認めていいと思っています。

人はたとえ大人であっても間違いを犯す生き物なので、親でも間違えたら「間違えた」とちゃんと謝ればいいだけのことです。そうすれば、子どもは**「親でも間違えるんだから、私も間違えたっていいんだ」**と思えるはずです。

リーダーとは、優秀であるよりもまず正直であるべきという考え方があります。今までの時代のビジネスは能力のあるなしで評価されていたけれど、これからの時代はどれだけ正直にあれるかが大事ということです。

新時代のビジネスにおいても、**結果よりもチャレンジを承認する**ことが重要視されています。正しい答えを出せることよりも、手を挙げられたことに注目して、承認すること。なぜなら結果を100パーセントコントロールすることはできないからです。

1回も間違えたことがない人よりも間違えてもいいから手を挙げられる人のほうがチャレンジ回数が多くなるので、最終的には成果が出ます。シリコンバレーでも「**fail fast**」（**誰よりも早く失敗しろ**）とよく言われています。

いっぱい失敗したほうが学びも多いので、そのぶん成長するというのがシリコンバレーのイノベーション戦略のひとつです。手を挙げて発言する行為は誰にでもできるのだから、まず手を挙げてどんどん失敗する。そうしていくうちに成功への秘訣をつかんでいくというものです。

100パーセント正解であるという自信があるときだけしか手を挙げないと、チャレンジ回数が少ないのでなかなか伸びない。恥をかいてもいいからまず手を挙げてみるという子が増えていくといいですね。

中学受験はとことん話し合ってから決める

保育園、幼稚園、小学校、中学校……と年齢が上がっていくときに、「勉強」や「受験」をどうするかは、親にとって大きな関心事のひとつです。成績がいい子であれば「難関校に進学できるかも」、成績が悪ければ悪かったで「なんとか勉強させたい」ということで、親は欲が出たり、気苦労したり、さまざまな考えと感情が入り乱れます。「なんとか少しでもいい学校へ」と願うのではないでしょうか。

そして、中学受験の場合はまだ子どもが自分の意見をはっきり言えないこともあり、「親の希望」だけで、決めてしまうこともあるようです。

「友だちが受験するから」「みんなも塾へ行ってるし」という理由で塾に通い始めた子どもが、いつの間にか「とにかく難関校」「とにかく偏差値の高い学校」と言っていて、一見本人の希望に思えるような場合でも、実は「親のこだわり」を代弁しているケースもあります。

中学受験を経験した前野先生ご夫妻によると（前野教授の「幸福学」から見た第4章のポイン

ト140ページ～参照)、中学の偏差値にもよりますが、東京・大阪などの大都市圏で私立の難関校を目指すとなったら、その生活はかなり過酷だそうです。子どもだけではなく、親もかなりの覚悟を決めてサポートしなくてはならなくなります。

6年生になれば週5回の塾、毎週のテスト、毎日の予習と復習、模擬試験、夏休みも冬休みも特別講習と、本当に大変です。塾の指導に任せきりで「頑張りなさい」というわけにはいきません。それまで続けていたサッカーや、ダンスやスイミングなどのスポーツや習い事と両立させることはできなくなってしまいます。もちろん家族旅行どころじゃありません。

そういうことを、親子で理解し、それについて事前に話し合える雰囲気や関係性が重要です。受験準備は遅くても5年生から始めなくてはいけないことになります。

受験準備期間の1年から2年くらいは、これまで楽しんできたようなスポーツや旅行など、かなり多くのことをガマンするような生活に突入してしまいます。受験期間はどんな生活になりそうか、勉強を第一優先にする子どもとそれをサポートする親の役割と、それぞれがどんな生活を送っているのかを具体的にシミュレーションします。

「子どもがやるって言ってるし」「親の希望でもあるし」くらいで始めてしまって、ガラッと生活が変わることを具体的にイメージできていないと、あとから「こんなはずじゃなかった」と、親子ともに後悔することになりかねません。

「**おかあさん、やっぱり無理！　やめたい！**」と、受験が始まったあとでも、本音を話して相談できるような関係ならまだいいですが、やめたいことも言い出せないまま、塾では周囲についていけずに自信を失ってしまう、親にだまって塾に行かないことが増え、最終的に受験にまでたどりつけない、当初の志望校からどんどんレベルを下げなくてはならない、そんなふうに、全力投球もできず、かと言って、やめることもできずに、ずるずると時間だけが経ってしまうケースもあります。もちろん、受験はしたものの合格に届かないことも当然あります。

そもそも中学受験というのは「不合格」という結果になる親子も必ずいます。しかも難関校ならそのリスクが高いのは当然です。

始める前の話し合いや、過程でのコミュニケーションがうまくいっていないと、子どもも親も、深く傷ついてしまうこともあり、その後、人生にどのように取り組むのかという「**生きる姿勢**」に大きく影響していきます。不合格になって「じゃあ公立中学に行こう」だけではすまないこともあるのです。

アドラーは、「**すべての困難を乗り越えられる人間より、うまくいかなかったときも勇気を持って次にチャレンジする人間になるほうが大切だ**」と言います。

そのためには、まず受験を決める前に、何度も何度も子どもとじっくり話をして、子どもの気持ちや考えを聞きながら、一緒に整理していきます。「やりたい」なら「なぜこの中学に行きたいと思うのか」「なぜ小学校の友だちとは違う自宅から離れた場所の中学に行きたいのか」といったことや、「中学受験をするとサッカーや野球をこのままのペースで続けるのは難しいこと」「家族旅行も行けないかもしれないこと」「夏休みも塾になること」「遅くまで毎日頑張らなくてはならないこと」「しかも必ず合格できるとは限らないこと」なども、ちゃんと説明して、「そういうことがあってもチャレンジしてみたいと思う？」と、聞いてみてください。

これについては、おかあさんと子どもだけではなく、おかあさんとおとうさんが、あらかじめよく話し合っておくことも必要です。

それぞれが、自分の考えや気持ちを整理し、意見をテーブルに出す、相手の気持ちや意見も、場合によっては、整理するのを手伝う。そんな、自分や相手を理解し合おうとする姿勢こそが大切です。そして、一番重要なことは、**あくまで親は「補助輪」に徹して、子どもが「自分で選んで、自分で決めたんだ」と思えるようにすること**です。そして、「おかあさん、おとうさんにはどのような協力をしてほしいのか」についても、子ども自身にも考えてもらいながら、関係者みんなで話し合います。

そんな家族の下地があることで、万が一失敗したとしても、「受験」というライフイベントに家族で挑んだ大きな経験となり、くじけることなく、先々の新たな挑戦につながっていくのです。

ある小学校で教師を務めた方の話です。

小学校のときは勉強にまったく興味がなくて、中学受験などせず目いっぱい好きな野球ばかりやって、公立中学に進学した子がいました。けれどその子は、高校受験が近くなると、「小学校時代には好きな野球だけを思い残すことなくやったから、今は勉強を頑張る」と自分で言い出して、ちゃんと第一志望の高校に合格しました。

「自分のやりたいことを妨げることなく応援してもらった」という経験は、次の段階で「自分が決めたことをこれからもやり通せる」という姿勢にもつながるのだと思いました。

親は「中学受験で苦労しても、中高一貫校、進学校などのいい学校に入ればあとがラクだから」などと言いがちですが、難関校に入ったら入ったで内部競争は厳しく、入ったとたんにまた内部進学のための塾に行く子どもも多いものです。

合格したとたんに燃え尽き症候群のようになって、まったく勉強しなくなる子もいます。本人がちゃんと納得して取り組んだものでなければ、喜びも一時的なものになってしまい、その後の人生をより幸福にする経験になるとは言い切れないということです。

受験に失敗したときにどうするか

中学受験に関する相談の中でも多いのは、やはり子どもが志望校に落ちてしまったときの対応についてです。

実は、子どもの受験失敗で一番ショックを受けているのは、おかあさんであることが少なくありません。

「なんといって子どもを励まそうか」ということはもとより、**「落ちたことを人に言えない」「無理をさせた親が悪い」**と責められることまで恐れてしまうのです。その気持ちはとてもよくわかります。「それが心配だから、子どもの志望校がどこかはできるだけ言わないようにしている」という場合もあります。

しかも親のショックは子どもにも伝わりますから、例えば第一志望に落ちて、次に第二志望の学校を受ける場合も、ショックを引きずって実力が発揮できないという場合もあります。「親が怒っているかもしれない」「親をがっかりさせた」ということばかり気にしてしまう子も多いのです。

チャレンジすることそのものが、どれほどすごいことかをいつも伝え、親も子もそれがわかっていれば、一時的にはがっかりしても、チャレンジは続けられます。

おかあさんの夢を子どもに託しすぎて、代理戦争をさせてしまうと、子どもが「**代理戦争の戦士**」になってしまいます。そうすると、合格しても「代理達成」になってしまうため、「**自分のための戦い**」だったという意識を持てず、むしろ自分の夢をくじかれたような格好になってしまうことがあります。

親や先生たちが「**チャレンジすることが何より素晴らしい**」「**結果にこだわる必要はない**」とちゃんと自分たちで理解していて、それをしっかり子どもに伝えることが一番大事です。

こんな言葉で伝えよう

✕おかあさん、もうがっかり。第二志望の学校は絶対受かってね。
○よく受験勉強頑張ったね。あなたのチャレンジを応援してるよ。

前野家の幸せな中学受験

★前野教授の「幸福学」から見た第4章のポイント

うちの子どもは2人とも中学受験を経験しました。僕たち親が提案したというよりは、ある日子どもに「お父さんが教えている学校って中学校も併設しているの？」って聞かれたので「そうだよ」って答えたら、「じゃあ中学はそこに行きたい」と自分から言い出したんです。有名な学校に行きたいというよりも、お父さんが大学の先生なので、その大学に中学も附属しているなら、毎日お父さんと一緒に通えるからという動機でした。

その後、体験授業に行ったら楽しかったらしくて。本人が自分で言い出したということもあって受験を辞めたいと言うことはなかったですね。

親はおしなべて子どもに幸せになってほしいと思っているはずです。いい大学に入るといい会社に入れる可能性が高いので、幸せになれる確率が上がるとどうしても考えてしまうから、中学受験もしてほしいと思ってしまう。だから、大半のおかあさんは「まわりの子がみんな受験しているから、うちの子にもさせたほうがいいのかしら」とお悩みになる。

でも中学受験は中途半端ではできないんですよ。追い込み時期になると週5回塾に行かなければいけなかったりする。家族旅行なども行けなくなるくらい時間を取られるし、親も子も相当の覚悟がないとできないものです。子どもは将来にたくさん選択肢があることも知らないし、みんなが行っているからなんとなく塾に通っている子も多いようです。

この時代、偏差値の高い学校に進んだからといって幸せになれるとは限らないので、それよりも自分の力で自分の人生を力強く生きていけるようになるために、今どうするかということを考えるほうが大切だと思います。だから親子でよく話し合うことが大事です。

僕は子どもの受験に関しては、最初から受かっても受からなくてもいいというスタンスでした。妻も娘も「落ちるのはイヤだ」って言っていましたけど、それに対していつも「受かっても受からなくてもいいんだよ。近所の中学校もきれいで遊歩道もあって最高だよ」って言っていました。だから、娘も無意識のうちに「どちらでも大丈夫」という思いはあったと思います。娘の受験がうまくいったもうひとつの理由としては、受験の最終期についた家庭教師の先生が娘に「いつも通りにやれば君は絶対受かるから大丈夫だよ」と言い続けたことです。まわりの大人たちが結果にこだわらない声かけをずっとしていたことが、合格の秘訣だったのかもしれませんね。

子どもの関心に関心を向けると幸福度が上がる

僕は子どもたちに対しては「とにかく好きなことをしなさい」と言っています。好きなことは誰でもやり抜くじゃないですか。息子はゲームに熱中していて、そういう様子を見たときに「ゲームやり抜いているね〜」と褒めていた。妻は「試験の前なのに大丈夫なの？」と心配していましたが、僕は「試験前にもゲームやるなんて大物だな〜」と言っていました（笑）。

平本さんから、自分の行動がどういう結末をもたらすのかをシミュレーションする力を子どもの頃に身につけるべきだというのがアドラーの考え方と聞きましたが、息子は大学生になったとき、「お父さんの育て方がよかった」と言ってくれました。任せてもらえることで、自分で判断して生きてゆくべきだということに気づけたと。

本章でも「子どもの関心に関心を向ける」ことについて解説されています。僕は特段ゲームが好きなわけではないけれども、息子がゲームを好きであることに関心を持ち、本人がやりたいことをリスペクトすれば、信頼関係が生まれる。お互いの幸福度が上がるわけです。

息子が高校生だった頃は、サッカーの話でずいぶん盛り上がりました。ふだんはひとつ問いかけても0・1くらいしか返ってこなかったのですが、サッカーの話になると10くらい返ってきました。

息子は特にプレミアリーグのマンチェスター・シティのファンでしたから、その話題を出すと話が終わりませんでした。僕自身もマンチェスター・ユナイテッドに所属した香川真司選手のファンでしたから、とても話が盛り上がりました。サッカーの話をきっかけにして息子との絆も深まったように思います。

実際、サッカーの話をするようになってから、サッカー談義のあとで少しずつ学校のことや勉強のことも話すようになっていきました。息子が興味を持つことに私も興味を示したからこそ、心を開いてくれたのではないかと思います。

でも多くの人は子どもの関心に関心を寄せたりしないのに、信頼関係があると勝手に思い込んでしまいがちです。さらに親が子どもに「あなたがどうしたいかじゃないのよ!」というような態度で臨んでしまうと、子どもは「マジうざい」といった反応を示すか、自分の意志が希薄な〝親の言いなり人間〟になってしまいます。

夫婦はチーム

夫婦はチームです。サッカーでたとえるなら、どちらもフォワード型だとボールを取られると攻め込まれてしまう。家庭内で両者が「怒る役」だと、同様にうまくいきません。うちでは、妻が怒っているケースでは、僕が怒らないようにします。逆の場合もあります。意見が違うまま試合に出ても勝てません。どちらかがオフェンス、どちらかがディフェンス、というようにバランスを取ってチームプレーしたほうがいい。

「子どもを幸せに育てたい」という目的は一致しているはずですから、意見が違ったらまずその場の「目的」を明確にして、話し合うことが大事だと思います。私は細かいことを言う係になろう、僕はおおらかに見守る係になろう、というように役割を分担すると、意見の違いはオフェンスとディフェンスのバランスにつながります。

意見の違いがあるからいいチームになれると思えば、「なんでおかあさんはそんなにいつもうるさく言うんだ」「おとうさんはなんでそんなに放任主義なのよ」というケンカにはならずにすみます。「おかあさんは小言係」「おとうさんは見守り係」と2人が認識していれば、うまくいくものです。

僕は何かにつけて、子どもが迷っているときに「どっちでもいいじゃない」「どっちに決めてもなんとかなるよ」とばかり言っているので、子どもは細かいことをいろいろアドバイスしてほしいときは妻に相談しています。


意見が違う人と歩み寄りたいとき、「どうして歩み寄ってくれないの」「少しはあなたが譲歩してよ」という姿勢だとやはりうまくいきません。「あなたが悪い」ではなく、「僕たちちょっとここが最近よくないかも」という言い方のほうがいい。妻に「掃除くらいちゃんとしろよ」と言えば、「あなたが散らかしてるんでしょ」という反応が返ってきてしまいます。

こういうときは、「you」メッセージではなく、「we」メッセージが大切です。

「最近、僕たちちゃんと家の中を片づけてないよな」と言うほうが、2人でそれぞれちょっと掃除しようか、という気にもなります。

「あなた」(you)ではなく、「私」(I)を主語にしていく「I」メッセージのほうがいいという考え方がありますが、さらに一歩進めて「we」メッセージにするとコミュニケーションはもっとうまくいくということなのです。

第5章

【座談会】デンマークの幸せな子育てに学ぶ

本書の最後に、デンマークに20年暮らし、結婚、出産、子育てを経験し、仕事を続けるニールセン北村朋子さんの経験談を聞きたいと思います。
この本に登場する平本あきお、前野隆司、前野マドカ、梶谷希美が座談会に参加して、話を聞きました。子育て、教育、親の考え方、社会環境について、デンマークと日本それぞれのよさ、違いを知る中で、日本のおかあさんたちが生かせる部分、続けたい部分などを発見できればと思います(編集部注/2022年3月に開催)。

ニールセン北村朋子
ジャーナリスト。神奈川県茅ヶ崎市出身。2001年デンマーク・ロラン島への移住を機に環境エネルギー問題や持続可能な社会への関心を持ち、取材活動を開始。日本のメディアや企業、行政機関のための取材、視察コーディネートなど幅広く手がける。高校生の息子の母。

デンマークに「いじめ」「登校拒否」が少ない理由

平本　デンマークは世界的に見ても国民の幸福度が高いことで知られています。子どもたちの社会にもいじめや、登校拒否など日本で問題になっている現象が大変少ないそうです。どんな対策があるのか、どんな考え方をしているのか、などについて教えてください。

北村　私はデンマークに住んで今年で22年。住まいはロラン島というところで、バルト海を挟んで南はドイツです。

デンマークと日本をつなぐ仕事をしているので、王室の方にお会いすることもあれば、幼稚園児と一緒のプロジェクトに関わることもあり、日本とデンマーク双方のさまざまな立場の人にお目にかかる機会がたくさんあります。

こうした生活の中で感じたことを、今日はお話ししてみたいと思います。

私の息子は今19歳で今年高校を卒業する予定ですが、幼い頃は「青いアネモネ」という名前の「森の幼稚園」に通いました。私自身が立ち上げに関わった幼稚園です。森の幼稚園とは、子どもたちが自然の中で過ごしてさまざまなことを森に学ぶ場所ということで、特定の学校の名前ではありません。こうした理念を持った園は各国にあり、日本でも知られるようになってきましたがデンマークが発祥です。デンマーク国内に森の幼稚園は５００以上あり、ロラン島にも

3つあります。

森の幼稚園に基本的に園舎はなく、子どもたちはいったん別の場所に集まって朝食を取ると、毎日9時頃から先生と一緒に森に出かけて夕方までそこで過ごします。

確かにデンマークは、近年日本でも「幸福度が高い国」として知られるようになりましたが、だからといって社会に問題がまったくないわけではありません。子どもたちの世界でも、いわゆる「いじめ」は存在します。

しかし、デンマークには、学校や職場でいじめが起きないようにするための取り組みがたくさんあります。

例えば幼稚園から小学校くらいの子どもたちの場合だと、「子ども同士でマッサージ」を取り入れていることも一般的です。友だちの腕や肩をもんだり、とんとん叩いたり、というワークです。お互いの温かみに触れて、相手をリラックスさせてあげたい、気持ちよく感じてほしいという経験を持つと、その相手をいじめることはできなくなる、と言われています。

また、人間は日によって落ち込んだり、やる気が出なくなるときがありますが、「それは当然のことだよ」「天気が変わるのと同じことだよ」ということを、小さな頃から教えます。息子が通った森の幼稚園でも同じでした。ひとりになりたい様子だったら、先生もそっとしておく。

まわりの子どもたちも「ひとりになりたいときは誰にでもあるから、友だちがそうしたいときには、そっとしておいてあげよう」と、無理にかまったりしません。

友だちと遊ばずにひとりになることは悪いことではないこと、孤立はよくないけれど孤独は人生に必要なときもあることを小さいうちから教えて、人と接する時間も自分と向き合う時間も両方大事なのだということを知ることは、間接的にいじめをなくすことにつながる効果があるのではないかと思います。

セラピードッグを導入している学校もたくさんあります。週に2回ほど、トレーナーに連れられてセラピードッグが学校に来るのです。犬もトレーナーも訓練を受けています。犬は敏感に子どもたちの気分を察し、自然に気分が落ち込んでいるような子どものそばに寄っていきます。それによって、先生や周囲も「ああ、この子は今日は沈んだ気分になっているんだな」ということが理解できる。それを受けて、先生や友だちがちょっとその子に声をかけたりというアプローチをすることもあります。

大人に悩みを相談するのは気が引ける、勇気がないという場合でも、動物が介在すると心がほぐれて話せる気持ちになることもあるのです。

思春期の子どもの「リセット」も可能なエフタスコーレ

北村　先生たちも非常にオープンで、「大人だからといってなんでも知っているわけではない」「自分も悩みをみんなに相談することがあるかもしれない。だからあなたたちも私になんでも相談してほしい」といつも声をかけていました。

学校という閉じた世界の中では、どうしてもヒエラルキーができてしまい、自分自身のクラス内でのキャラクターが固定されがちです。「リーダー格」「いじられキャラ」「アイドル」「ガキ大将」といったものです。うまくいっているように見えても、これが固定されるといわゆる「キャラ変」がとても難しくなります。そうなると、こじれたときに関係が修復できなかったり、悪い状況から脱却できなくなってしまう。「いじられキャラ」の子が、本人も周囲もあまり意識しないままにいじめの対象になっていったりすることもあるでしょう。

そういうことを防ぐために、あるいは問題が起きたときによく学校で採られるのは、外部の人に入ってもらうという方法です。

企業の人、学校の庭師さん、アーティスト、地域のさまざまな人に来てもらって、ニュートラルな状態で話を聞ける環境をつくるのです。外部の人は子どもたちのヒエラルキーがどうなっている、という思い込みを持っていないので、どの子に対してもフラットに話ができるし、聞くことができます。何か話したいことがある子どもも、先生や親ではない、自分に対する先入観がまったくない大人のほうが、相談しやすいということはよくあります。

デンマークでは通常、幼稚園を卒園すると、小学校・中学校にあたるフォルケホイスコーレに進み9年生くらいまで学びますが、エフタスコーレというミドルティーン向けの学校で1年間の寮生活を送ることもできます。

ここで10年生の時間を過ごすのですが、さまざまな子たちが各地から集まって生活をするため、自分の地域や元いた学校での常識にとらわれず、自分のそれまでのキャラを一変させることができるチャンスがある。誰もかつての自分を知らない場所で、なりたい自分とか本当の自分を試してみたり、取り戻したりできるのです。

これらの多くの取り組みが複合的に作用して、いじめが少なく、いわゆる「登校拒否」にもなりにくい社会ができあがっているのではないでしょうか。

また、私はデンマークで、人に怒られたことはありません。日本に帰ってくると、子どもも大人もやたらに怒られます。

日本や韓国はとても「謝罪」が多い国という印象があります。ドラマでもよく土下座するシーンがあるし、ニュースでは、しょっちゅう誰かが「謝罪会見」をしています。

デンマークでは謝罪会見などほとんど目にしませんし、そもそも謝罪を要求するほどデンマーク人はあまり他人を怒りません。

幼稚園の頃から「人は違って当たり前」という教育を受けているので、自分もほかの人と違うことをして当然だし、違うことに価値があると思う環境で育っているため、「自分と違う人の行為」にあまり目くじらを立てず、むしろ好奇心を持つのだと思います。

「なぜ違うんだ！」という怒りのほうに思考が向かないのではないでしょうか。デンマーク人と話をすると「へえ、そう考えるんだ。どうして？」とはよく言われますが、「それはよくないんじゃないの」と言われたことは皆無です。息子に聞くと、まったく同じだと言っていました。

子どもが小さい頃、家族で日本に帰ってくると、息子はよく電車の中でつり革にぶら下がったりして知らない人に怒られました。息子は「日本の人ってどうしてこんなに怒ってばかりいるんだろう？」と今でもよく言います。

デンマークに暮らしていると、「怒られないようにしなくてはいけない」という意識になることはまずありません。

デンマークは東洋的でもあり西洋的でもある

平本 デンマークの暮らしは、ごく自然に「アドラー的」ですね。アドラーは子育ては自立と協力を教えることだとして、そのためにまず、「あなたはどうしたいの？」という問いかけが大事だと言っています。

北村 確かにアドラー的と言えるかもしれません。でも、デンマークでアドラー心理学は一般的にはまったく知られていません。本も数少ない専門書しかないのに、なぜデンマーク人がそのような考え方をするようになったのかについては、とても関心があります。

２０２０年に藤田一照さんという禅僧の方のワークショップに参加したのですが、デンマークの人は禅の考え方に似ていることにも気づきました。２０２１年からアドラー心理学を学ぶようになり、アドラー心理学は仏教と似通うものがあるとも感じています。

前野 デンマーク人の考え方が禅に似ているというのはとても面白いですね。まず、どちらも人間や社会の「部分」ではなく「全体」を見ようとする視点でしょうか。「それをしてはいけない」と目の前のことを怒るよりも、見守って育てたほうがいいと判断するというような視点。大きな視点で考えるという点において、アドラー心理学の全体論・共同体感覚と、フォルケホイスコーレに代表されるデンマークの教育は似ている。中国から鎌倉時代に日本に伝わった禅も、細かい部分ではなく全体をとらえようとします。座禅も心を落ち着かせることで、目の前の悩みから脱却するという点では似ていると言える。細かいネガティブにとらわれず、全体をとらえようとする発想がアドラーと禅とデンマークに共通していると感じました。

ただ、デンマークを含めたヨーロッパの人やアメリカ人はロジカルに全体をとらえるという特徴がある。対して東洋には禅の「不立文字《ふりゅうもんじ》」のように、「ロジカルを超えるんだ」という思想がある。悟りとは文字や言葉で伝えるものではないということです。

ここには確かに東洋医学と西洋医学にも似たような違いが見受けられます。東洋医学は身体全体を整えることで全体がうまくいくという思想であるのに対して、西洋医学は身体の調子の悪いところに着目して治療するという医学。アドラーは西洋的、東洋的の両面を持っていると言えるでしょうね。ロジックを持ちながらホリスティックでもあるんですね。

北村　「不立文字」という言葉で私が思うのは、デンマークには世界で初めてつくられたものが多いということです。教育に関して言えば、森の幼稚園、フォルケホイスコーレもそうです。ただデンマーク人というのは、例えばティール組織(組織マネジメントの手法のひとつ)やU理論(前例のない問題解決方法によって企業にイノベーションを起こす手法のひとつ)のようなパターンに早くから気づいて実践していても、それに「名前」をつけてブランド化したり、「自分が考案者である」と発表したりしないことが多いですね。なんとなくこれは、禅の「名前をつけて概念化したらその時点で経験は死んでしまう」という教えにも通じるところがあるように思えます。

デンマーク人は「新車は車庫を出たとたんに新車ではなくなる」というたとえをよく使いますが、それと似ています。概念に名前をつけてブランドにしてしまったら、そこから進化し続けることが難しくなります。誰でも手を加えられる余地が常に残っていることのほうを大事にして、あまりきちんと「概念化」せず、それに縛られないようにしよう、としていることがデンマーク人の幸福感にもつながっているのではないかと思います。常に大きな目的を描いて、それを見失わなければ、小さいところはあまり気にしないようです。

佐野利男さん(元駐デンマーク特命全権大使)が言っておられました。「デンマーク人は、いつもいきなり理想論を語り出す」って。「日本で同じことを言ったら、即座に『そりゃ無理でしょ』と言われるようなこと。でもそこから話し合おうとする」と。実際デンマークには「対話的交渉術」というようなものがあるのですが、これは「どちらかが勝つ」ことではなく「対話に参加した人全員が勝つ」ことを目指すもので、対話の中で最大の妥協点を探そう、セカンドベストを探して折り合おうという交渉のことです。

「言い負かそう」「勝とう」としないので、日常生活の中でも屈辱を味わうことがめったにありません。勝ち負けをモチベーションにしていないから、そうなるのですね。

初めてデンマークを訪れた日本人はよく「懐かしい感じがする」と言います。デンマークで建築を学ぶ学生は谷崎潤一郎の『陰翳礼讃』をテキストとして学びます。日本人が建築や暮らしについて大切にしてきたことを知り、そこから映画『となりのトトロ』で、屋内の暗闇に「まっくろくろすけ」が潜んでいることも実感として理解できる。

1920年代に、ドイツからバウハウスの建築や美術の様式が入ってきたとき、あまりに直線的で無機質なデザインは、斬新で惹かれるものはあるが、デンマークではそのままでは受け入れられないと感じたようです。人工的すぎたのかもしれません。しかし、デンマーク人は、同じ直線のデザインであっても、自然との境界があいまいな日本建築はすぐに受け入れました。現代のデンマークのデザインは、その2つのいいとこ取りの形で発展しているように感じます。

平本　西洋はロジック=言葉が基礎にあり、東洋は言葉にできないものこそが真実であると考える。デンマークはその両方の思想を持ち合わせているのかもしれません。アドラーも欧米から見ると東洋的で、日本から見ると西洋的。日本も「どちらが正しい」ではなく、両方の思想をいいバランスで持てる生き方ができる可能性が高いですね。

前野　あまり単純化しすぎてはいけないと思うけれど、アドラーが生まれたオーストリアもデンマークも、ヨーロッパだけど位置的にはアジアにも近い。日本も実は太平洋を介して西洋と東洋の交差点に位置します。カリフォルニアも同じですね。こうした地域の住民というのは、東洋と西洋の両方のいいところを取り入れられるのかもしれません。カリフォルニアも、アンチアメリカ東海岸的なスピリットからイノベーションを起こしています。

思い起こしてみれば、優れた知識人の多くは西洋的でも東洋的でもなく、ロジカルな思考法と不立文字のような思想の両方を持ち合わせています。部分を見ることも、全体を見ることもできます。そのうえで考え抜くから、「戦って勝つ」という思考にはならない。

子どもが子どもとして子ども時代を過ごす権利

梶谷　やはり日本の教育現場は、いじめが起こりやすい環境にあると思います。子どもたちは非常に多くのさまざまなストレスを抱えているからです。そうした中、子どもを自然に触れさせることの重要性はすごく感じます。私も、子どもや親、先生も参加できる「宮古島わくわくツアー」を主催していますが、宮古島の海に入ったとたんに子どもたちの心がぱっとはじけて、本当に子どもらしい顔を見せてくれる。「海なんか絶対入らねえ」と言っていた子どもが服のまま飛び込んだり、ずっと暗い顔をしていた子がすごくはしゃいでくれたりします。その日の夜に話をしたら、自分の悩みについて初めて口を開いてくれた子もいました。

北村　佐野元大使が、「デンマークは子どもが子どもとして子ども時代を過ごせる国だ」と言っておられたのですが、これは本当に大きいと思います。子どもが子どもでいる権利が確保されている。子どもが過ごしたいように過ごせるからこそ、自立も早い。勉強を強要する親も少ない。

子ども向けの塾など聞いたことがないし、宿題も出ません。学校の成績も日本の小学校6年にあたる年まではつけません。中学にあたる7年生からは一応つけるのですが、それも先生と生徒自身の双方が「評価」をします。その結果、「自分では満点だと思う」けれど「先生の評価は70点だった」とか、その逆もあります。その場合には、「なぜその違いがあるのか」を先生と生徒が話し合ったりする。先生は「苦手科目を頑張るように」などとも言いません。

息子は数学が苦手でしたが、「どうしても数学が必要になったら得意な友だちを見つけてレゴみたいにくっついちゃえばいい」と先生に言われたそうです。レゴもデンマークで生まれたおもちゃですが、「同じ色、同じ形だったら面白くもなんともない。得意なところを伸ばせば、きっと世の中に出たら面白いことがあるよ」と大人たちは教えるんですね。

日本の現場の先生たちには、「正論だろうけどそんな簡単にはいかない」と言われると思うけれど、でも「そっちを目指すんだ」ということをあきらめてはいけないんじゃないでしょうか。

夏休みに宿題なんてあり得ません。むしろオンラインゲーム好きの子どもたちのために、自治体が主催して3泊4日のオンラインゲーム大会をやったりする。自治体の職員はコスプレ姿で参加して、オールナイトです。細かい規則などはなく、子どもたちは寝たいときに寝て、出たいトーナメントにそれぞれ出る。無理しすぎて3日めに具合が悪くなってしまうような子もいるのですが、そこまでとことん好きなようにやらせると、「ゲームはもうしばらくいいや」とか、「ちゃんと寝て、健康的なものを食べないとまずい」と自分で気づいたりもします。

人間の「子どもの期間」がほかの動物よりも長いのは、それなりの理由と必要性があるのだと思います。でも世界的に今、子どもたちの「子どもでいられる期間」はどんどん短くなっていきます。幼稚園の頃から大人と同じようなふるまいを要求されてしまう。幼稚園の入園のために「模擬面接の練習」をさせたりする。

子ども時代をちゃんと子どもとして過ごし、子ども時代を満喫しないと、奪われた子ども時代に未練や怒りが残ってしまうでしょう。だから、30歳を超えても大人になりきれない、という人もたくさんいるのだと思います。

デンマークでは大人がみんな「子どもは遊んでいればいい」と言うものだから、子どもたちはむしろそれに反発して「早く大人になろう」としたり、「大人っぽい決断をしよう」と思ったりもします。結局、大人の思うつぼのようなもので(笑)、大人は「待ってました!」とばかりにそれを嬉しく見守るのです。「大人になろう」としたときに「まだ早い」と止めることもありません。

デンマークで言う「子どもの子どもらしさ」は、大人の領域に踏み込むなということではなく、子どもの感性のままに生きろということです。

日本は子どもに「早く大人のように振る舞えるように」を求めすぎる

北村　日本は子どもに「早くから分別のある大人のように振る舞うこと」を求めすぎるのではないかと思います。

デンマークでは、大人の世界と子どもの世界を厳格に区切るという感じではありません。確かに大人の世界というものはありますが、それは「子どもが入ってきてはいけない場所」ではない。知っていたほうがいいこともあるし、子どもたちそれぞれが「知りたい」と思うタイミングで入ってくればいいのだから、「子ども時代」であっても、大人の世界に自由に出入りはできるということでしょうか。

「自由に遊ばせて、好きなだけ寝かせていたら、ほかの子についていけなくなる」と心配するおかあさんも多いと思うのですが、デンマークの場合、「競争」がほとんどありません。「それぞれが得意なところを出し合って何かをしよう、つくろう」ということを奨励しているから、学校で成績を含めて「順位」をほとんどつけない。

子どもたちは互いに、「これは○○くんが得意そうだ」と思ったら、先生に聞くよりその子に教えてもらう。先生もまず「友だち同士で、聞き合ったり、教え合ったりしなさい」と促します。得意な友だちに自分で聞きに行くと先生に聞くよりずっと理解も深まるし、教える側も一生懸命になって自分の理解も深まるし、人の役に立っているという嬉しさもあります。

教科によって教える側になる子どもは変わってきますから、多くの子どもが「教える立場」と「教えられる立場」の両方を経験します。すると、教え方にも気をつけるようになるんですね。つまり「こういう教え方をしたら相手が傷つく」ということも学ぶことができます。「こんなこともわかんないのかよ」という態度で教えられたら屈辱的でイヤだということをわかって教えることができるようになるし、また、「もっとよくわかりやすく教えるにはどう説明したらいいだろう」ということも考えるようになる。「あーよくわかった！」と相手が納得して笑えば、自分も嬉しくなるということも学べる。

また社会に出てからも、「同僚はライバル」ではなく、そもそも「出世競争」のような仕組みが存在しません。自分のポジションや給料を上げるには、まかされた仕事をいかにきちんと続けて、学び続けているかどうかが評価のポイントになりますから、「ライバルを蹴落とす」という発想もあまりないのですね。そのため親も、自分の子どもをほかの子と比較して「負けないでほしい」とか、「学校で一番になってほしい」みたいなことをあまり思わないのでしょう。誰に聞いても、自分の子どもは自分の人生を歩んでくれればそれでいい、と答えます。

平本　日本でも、デンマークのような生き方もいいよねという考え方が広まりつつあると思います。でも、やはり現実的には日本の学校制度も、長年続いた企業風土も根深い。変わってきつつある兆しもたくさんありますけど、例えば、おかあさんも「本来はこうあるべきだ」と感じていても、やはり「どうしても苦手分野は克服しなければ、社会に出てから子どもが困る」ということで悩んでしまったりする。

「優れたところをひとつでも伸ばせばいい」と言われると今度は、「じゃあ、ホリエモンみたいな起業家を目指すということですよね」というふうに思ってしまったり。別に、長所を伸ばすといっても、有名人になるほど突出して伸ばさなければいけない、なんてことはないと思うのですが。もっと普通に「欠点の克服よりも長所を伸ばそう」という考え方が一般的になればいいなと思っています。

すべての教科は「コミュニケーション力」を身につけるためにある

北村　デンマークの教育で特に重視されているのがコミュニケーションです。国語はもちろん英語も歴史の授業も、学校の教科はすべて人間同士のコミュニケーションに必要だから学ぶのだ、と考えます。

日本は「建前」「遠慮」といったものが多いので、なかなか本音で話し合う機会は少ないと思いますが、デンマークにそうした発想はありません。本音で話し合う機会が多い。学校でもそれを促します。本音を言い合うと衝突が起きそうですが、衝突の可能性があるからこそ、「どういう言い方をすれば自分の本音を受け入れてもらえるか」を考えるようになります。相手がカッとしたり、怯えたりしないような態度、言葉の選び方を考えるようになる。意見の違う相手に自分の考えを聞いてもらうためには、どうすればいいかを工夫するようになっていきます。

すると国語（デンマーク語）の授業でも、「もっと語彙《ごい》が多いほうがいい」「英語も話せたほうが多くの人と話し合える」「歴史も学んだほうが相手のバックグラウンドが理解できる」と思うようになります。

あと、デンマーク人がよく言う言葉で「何かが起きるときは、20パーセントのknow what（何を知っているか）と、80パーセントのknow whom（誰を知っているか）だ」というのがあります。数学が苦手なら得意な友だちに聞けばいい、ということと同じです。

世の中は自分とは違う人だらけだけど、他人と自分の接点を見つけるために、見つけ方を学ぶために学校に行くのだ、と先生はしばしば話します。つまりそれがコミュニケーションを学ぶ理由で、地理や化学もコミュニケーションのツールとして使うために学ぶということ。

高校の先生は「将来役に立つからという理由で高校の専攻を決めてはいけない」と言います。本当にしょっちゅうそう言うのです。「社会人になったら役に立ちそうだから、と経済学や社会学を選ぶな」と言うのです。デンマークの高校は、最初の3カ月は気になる先生、気になる授業を試しに受けることができます。そのうえで専門を決めるとき、どの先生もみな、「役に立ちそうかどうかで決めるな」と言います。「将来役に立ちそうなものより、直感的に面白そうだと感じたものに3年間取り組んだほうが得るものは大きい」「高校3年間楽しく過ごせたほうが将来役に立つから」「将来役に立ちそうなものなんて、将来にならなければわからない。そんなものはあてにならないし、大人の体験談も役に立たないよ」と。

大人の経験は過去のもので、子どもたちの経験は未来にあるものです。だからこそ不確かで漠然とした「将来」などより、目の前の「高校生活3年間」が楽しくなるように、面白いと思ったものを専攻にしなさいということです。

息子は英語と音楽を選び、卒業試験もこの2教科で受けました。日本だったら「音楽専攻して卒業してからどうするの?」と思う人のほうが多いと思いますが、別に音楽家にならなくても、高校で学んだことはとても大きかったようです。

梶谷　本当は、日本もデンマークのような社会なら、子どもも大人ももっと幸福感を持てると思うのですが、現実はそうではないから、「こういう対応をしてあげよう」と言うと「理想論だ」と言われてしまうのです。

成績表をつけることは、私自身が一番嫌いな作業でした。子どもにも「これは一応渡すけど、意味ないからね」と言って渡していました。でも、同時に、成績表がある世界で子どもが生きている以上、それがモチベーションにつながるよう、「算数はここさえ頑張ると評価は上がるよ」「国語のテストは設問の中から答えを探すゲームだと思うといいよ。国語の本当の能力とはカンケーないから」とも言いました。

生徒の親たちにも同じことをずっと言い続け、成績表からは見えてこないかもしれないけれども、その子の本当のよさや強みなどを伝え続けました。親が成績表をあまり気にしなくなると、子どもも気にしなくなるんです。先生と親が気にしていないなら別に気にしなくていい、と思えるようになります。

前野（マドカ） 日本は子どもの気持ちよりも「やっていることが、合っているか間違っているか」を先に考えて、「正しいこと」をするためのテクニックを教えることに重きを置きがちです。「今やっていること」によって相手がどんな感情になるのかを考えさせる機会がとても少ない気がします。もちろん指導する中で「あなたが同じことをされたらどう感じると思う？」「友だちはどう感じたと思う？」と問いかける先生も親もいるとは思うのですが、まず「なんでそんなことをしたの」「やっちゃいけないことは何度も言ったでしょう」のほうが、強く出てしまいます。そもそも親がそういう対応をされた経験が少ないのです。

また、自分の子どもを信じていても、間違っていない、子どもの気持ちもわかる、と思っていても、例えば「ケンカをして先に手を出した」という事実があったら、それだけでどうしても不安になって、謙虚になるというよりも卑屈になってしまうことが多い。「やっぱり子どもがよくない」「それは私の教育が悪い」となってしまいがちです。とても不幸な気持ちになってしまう。

デンマークと同じ北欧のフィンランドで幸福について多くの人に質問したことがあります。フィンランドも幸福度が非常に高いと言われる国ですね。幸福と感じるものは何かと聞くと、老若男女を問わず、「大切な人とのコミュニケーション」と答えます。

親の仕事を継ぎ、トナカイに関する仕事をしている30代の男性が「自分はどんな仕事をしていても幸せになれる自信がある」と言ったのが印象的でした。「学校時代、フィンランド語の成績は10段階で2くらいだったけれど、自分を信じる力は10点満点だ」と笑うのです。

なぜそう思えるのか聞くと、「小さい頃からまわりの大人に、君にはいいところがたくさんあって、幸せになれる人だと言われて育ってきたから」という返事でした。

日本人は世代に関わらず「自己肯定感」が低いと言われ、それは子どもたちの世代により顕著になっています。子どもたちが自分を認められない、自分を好きになれないというのは、「それでいいんだ」「そのままで素晴らしい」と言われることがあまりにも少ないせいではないかと思います。

まったくタイプの違う大人たちと会話をすることの意味

北村　アドラー心理学で言う「自己受容」ということですよね。そして「他者を信頼する」ということ。周囲を信頼しなければ自分をさらけ出すことはできませんよね。

デンマークは日本よりホームパーティのような集まりが多いのですが、そのパーティって、実にありとあらゆる人がやってくる。日本のホームパーティでは、比較的同じコミュニティに属する人が集まりがちで、毎回似たようなメンバーになることが多い印象があります。例えば仲のいいママ友の2〜3家族とか、親戚だけとか、同じ習い事をしている仲間とか。

でもデンマークでパーティを開くと、毎回まったく違うメンバーが集まります。パーティに限らず、職場のメンバーでも社会的な活動にしても、性的マイノリティも障がいのある人も当然いる。同じ仕事をしている人だけ集まるようなものよりも、警察官、農家、営業マン、無職、教師などが入り交じっているのが普通です。こうした場面に子どもの頃から接していると、「いろんな人がいるんだな」「みんなそれぞれが幸せそうに暮らしているんだな」ということがちゃんとわかる。

「ひげをそってからきれいにメイクをする人」がいれば、子どもは率直に「なんでそうするの？」「男の人は普通お化粧しないいんじゃないの？」と聞きます。その人が「私はね、身体は男性だけど心は女性だからちゃんとお化粧したいの。薬も飲んでいるけれどどうしてもヒゲは生えてきちゃうのよ、イヤだなあ」といったことを、小学1年生にでも話してくれる。「ふーん、早く女の人になれるといいね！」なんて子どもが言っていたりする光景はよく見かけます。

障がいのある人がパーティに参加していれば「こういうことを手伝ってあげるといいんだな」ということもわかるし、ときには前科のある人が「以前こんなことをして警察につかまったけど、あのときは本当にバカだった」という話を、逮捕した警官を前にしていることもあります。

子どもの関心に興味を持つと親も変われる

北村　私自身は日本で生まれ育ち、日本の教育を受けていますから、日本的なスタンダードが身体にしみ込んでいます。だから息子に対して、どうしても「とにかく親の言う通りにしなさい」という指示を出しがちでした。でもこれはデンマークではいっさい通用しないんです。

息子は小さい頃、よく私に「それは母親として言ってるの？　ひとりの人間として僕を見て言ってるの？」とか、「僕はおかあさんとはまったく別人格だっていうことはわかってくれてるよね」と言いました。また意見が違っていたときにも、「おかあさんが母親としてそう思うのはなんとなく想像がつくけれど、ひとりの人間として僕の立場に立ったらどう考える？」といったこともよく言われました。本当に息子から教えられることが多かったのです。

高校3年生になった今も、学校でやったことや、彼女と何をしたかなどを、帰ってくるなり機関銃のような勢いで話してくれます。家で仕事をしながら話を上の空で聞いていると、「僕にとってママはひとりだけなんだよ。たかが15分、息子の話を聞けないほど大事な仕事ってこの世の中にあるの?」なんて言われたこともありました。

それ以来、息子の話は必ず仕事の手を止めて聞くようになりました。それによって、息子の考え方も内容もちゃんとわかるようになったのです。仕事をしながら適当に聞いていると聞き流している部分が多くて、夕食のときに同じ話が出ても「さっきの話なんだっけ」になったりする。子どもと話すときは「ながら」ではなく常に100パーセントで向き合うこと、そして、母親のとしての意見なのか、ひとりの人間としての意見なのか、2つの視点を持って子どもと接することが必要なのだ、ということを学びました。これは、すべて息子が私に教えてくれたことです。

もちろん、母親として心配したこともあります。息子がオンラインゲームに没頭した時期、やはり最初のうちは日本的に「さすがにやりすぎなんじゃないの? ゲームの時間を決めたらどう?」などと言っていたのですが、「うざい」と言われて効果なし。

でもある日、「おかあさんは、僕がどんなゲームをやってるか聞かないよね」と言われてハッとしました。息子が「夕食後に対戦があるから見る?」と誘ってくれて観戦してみると、世界中の子たちとチームを組んで、英語でしゃべりながら戦っている。10人くらいのチームでプレイしている以上、これは親に何か言われてもすぐ抜けるわけにはいかないなあと腑に落ちました。しかもチームで成績を争っているから定期的にプレイしなければならない。「観戦してそういうことが初めてわかった」と息子に話すと、「おかあさんが思うように、ゲーム時間が長すぎるのは自分でもわかってるんだよ。うまく折り合いをつけられるように調整する」と言いました。

子どもが関心を持っていることに関心を持てば、相手も私の言いたいことをくみ取ってくれるようになるな、ということがよくわかったエピソードです。

今のところ、息子の関心はゲームよりつき合っている彼女です。私にも彼女のことを知ってほしい、なんなら彼女の家族と一緒にコーヒーでも飲んでほしいと言ってくるほどです。

最近はMeToo運動の影響もあって、「恋人や夫婦であってもセックスには同意がなければいけない」ということについて、あれこれ考えているようです。「いくら同意が必要だって言っても、毎回恋人に同意を求めるのってロマンチックじゃないと思うけど、どう思う？」とか。「それ、母親に聞くか？」とは思いますが(笑)。また、私は6年ほど前に離婚したのですが、「おかあさんはもう一度自分の人生で恋愛したいとは思わないの？　恋愛が人生を豊かにすることは知ってると思うけど？」と言ったりする。私が息子に相談に乗ってもらうこともあります。子どもの年齢にかかわらず対等な立場で向き合うことは、親子関係を次のステップに進めるうえで非常に重要なことなのではないかと思うようになりました。

親子が対等な立場というのは、「友だちになる」のとは少し違います。仲がよい親子はデンマークにもたくさんいると思いますが、親と子、という立場と人間対人間という立場の両方を持っています。日本のように「おそろいの服を着る」みたいな「仲よし親子」はいません。

デンマークには社会の中にヒエラルキーの概念はなくて、極端に言えば王室のメンバーとも対等です。普通に会話できるし、大臣もファーストネームで呼ぶ。スポーツの世界も同じで、日本的な上下関係はありません。監督はいわばファシリテーターに過ぎず、決めるのは選手ですから、いくら監督が練習メニューを強制しようとしても選手が納得しなければ練習に参加しません。

大人のほうが経験が豊富なぶん、子どもよりも適切な判断、妥当な判断がしやすいことも事実ですが、子どものほうが新鮮な視線で、より純粋な動機で判断できる場合もあることを双方がわかっているのだと思います。

そのうえで、お互いがお互いを認めて尊重しているという「対等」な関係です。大人が一方的に子どもに指示をするのでもなく、常に子どもがやりたい放題にするわけではない。

子どもに嫌われないように、キレられないように、いつも子どもの言う通りにするということはまったくありません。

デンマークの学校がパソコンにフィルターをかけない理由

北村　子どもの意見、気持ち、やりたいことを最大限に尊重することが前提ですが、その結果どうなるのか、責任もあるのだということもまた親子の間の「前提」になります。

わかりやすい例が、デンマークのポルノサイトだと思います。デンマークの学校ではパソコンにフィルターをかけません。見ようと思えば学校でポルノサイトを見ることもできます。18歳以下の子どもが学童保育の施設でポルノを見たりしていることもある。

先生に「18歳以上の人向けのサイトだって書いてなかった？」と言われた生徒が、「それはわかっている」と答えたら、「じゃあ18歳以上だって嘘ついて見てるんだね？　でもなぜ18歳以上しか見てはいけないと書いてあるんだと思う？」「よく警察の人もここに来て、その理由を教えてくれるよね」という問いかけ方をします。デンマークの成人年齢は18歳で、18歳になれば自分でさまざまな責任が取れるとみなされます。だから、大人たちは「世の中には幼児性愛者もいること」や「男性が女性になりすまして連絡してくることもある」こと、「それがきっかけで事件に巻き込まれた例もあること」を説明し、「子どもは自分で自分の身を守ることはできないのだから、そのリスクを減らすために、18歳以下のポルノサイトの閲覧はやめよう」と説明しています。

「それでも学校でそうしたサイトにフィルターをかけていないのは、もし好奇心からそうしたサイトを見ても、学校ならこういうサイトを見たときにどう対処すればいいのかを一緒に考えることができるからだ」と説明します。

こういうサイトがあることや、どんなリスクがあるのかを隠さず、なぜ年齢制限があるのかを説明して、そこで「責任」というものを教えるんです。

梶谷 話はちょっと変わりますが、子どもが自室にこもってまったく会話がない、不登校になっている、子どもが人と関わることをとても恐れている、といった相談があったときに、だいたい子どもが何をしているかというと、そのほとんどがゲームです。

だからこそ、そこがとっかかりになる。その子が夢中になっているゲームを実際に一緒にやってみること、やっているところを見せてもらうこと、どうやって進めるのかを教えてもらうこと、などが入り口になります。アニメ好きなら曲を一緒に聞くとか、覚えて一緒に歌うとかでもいいですよね。

やはり大事なことは、まず「イエス」という反応です。相手の話を聞いて認めることから始めなくてはいけないなと思います。親子の会話を実際に聞いていると、どうしてもおかあさんは、子どもの話を途中でさえぎって自分の経験を話してしまったり、間違っているところを指摘することに終始してしまいます。高圧的な言い方ではなくても、結局自分がしゃべってしまう。

口をはさみたくなっても、とにかく子どもが言いたいことを言わせてあげることが大事なのだと思います。

そしてやりたいことを、できる限りさせてあげること。宮古島のツアーに行ったとき、近隣の農家で鶏がイタチに殺されたことがありました。農家の人に「殺された鶏は埋めたよ」と聞いて、「それを見たい」と言い出した子がいました。親は「そんなことやめなさい」と全力で止めようとしたのですが、私が「見たいんだ。どうして見たいと思う?」と聞くと、その子は「死んで埋められた鶏はどうなるか知りたい」と言うんですね。

「じゃあ農家のおじさんにそう頼んでごらん」と言って、その子は実際に見たのですが、「ひどいね」と言っていました。生き物が殺されて埋められるのがどういうことなのかをその目で見た。親は「そんなもの見せたくない」と思うでしょうが、子どもなりに「ちゃんと見たい」と思った以上、「やめなさい」ばかりである必要はないと思っています。

前野(マドカ) なんとか子どもの前に立ちはだかる障害や危険を取り除きたいと思うあまり、親はつい先回りしていろいろなことを禁止したり、危険に遭遇するリスクのある場所に行かせないようにしたり、余計なことを言ったりします。そういうことが子育てには多くなります。最初は「子どもが転落しないように柵をつくる」「寒そうだからダウンジャケットを着せる」といったことですが、それがずっと続いてしかもエスカレートしてしまうこともあります。アメリカではそれをブルドーザーペアレンツと呼ぶそうです(笑)。

デンマーク型教育の弱点

前野　僕はデンマークの例を聞きながら、集団主義と個人主義について考えていました。個人主義が一番進んでいるのはイギリスやアメリカですが、デンマークは個人主義でありながらアメリカと比較すればもっとファジーな部分がある。日本は集団主義的です。

日本の場合、個人主義にシフトするというよりは、まず集団主義のよさがどこにあるのかを考えたほうがいいと思いました。集団主義というのは、年功序列的な権力格差がありますが、それは必ずしもすべて悪いこととは言えません。

日本とデンマークは大きく違うようで近いところもあります。日本は「日本のよさ」を再認識して、日本なりのよさを目指していくべきではないかと思います。日本で「デンマークが理想だ！」とやるのは難しい。

いきなりデンマーク的な考え方をしたら、やはり日本の社会、会社では生きにくくなってしまうこともある。集団生活の中で目上の人は敬う、挨拶は目下からきちんとするといったことは、できたほうがずっと生きやすい。教育は国や風土によって、ひとつのモデルにとらわれずに変えていく必要があるでしょう。

北村　デンマークの教育にも確かに弱点があります。私は東日本大震災の被災地である東松島市との交流を続けていますが、東松島市とデンマークの学生交流として、デンマークの中学生と先生方を日本に招いたことがあります。

その後、今度は逆に日本の生徒をデンマークに呼ぼうと企画したのですが、デンマークの子どもたちの中から、「もう興味がないので参加したくない」という意見が出てきたりする。日本の感覚だと、日本を訪れたときにいろいろお世話になったのだから、お返しに喜んでお迎えするのが当然だと思うのですが、そうはならない。親も先生も「生徒たちが興味をなくしているものを無理にやっても、いい結果にならない」というスタンスです。私は間に入っている立場上、かなり困ってしまった経験があります。

またもう少し異なる次元の話では、再生可能エネルギーの導入などについても、大きな違いがあります。デンマークでは、政府も企業も「どんどん導入すべき」と考えています。日本の場合は、関係する企業など全方面のステークホルダーのコンセンサスを取らないと動けない。プロセスもスピードもまったく違います。デンマークは「とりあえずやってみよう」で進みますが、日本はなるべくあとで不具合が出ないように事前に調整してから進める傾向があります。スピードは遅いけれど、いったん始めれば比較的スムーズに進みます。

どちらがいいとは必ずしも言えません。双方のメリットをうまく取り入れられたら一番いいのですが。

もうひとつデンマーク型の「弱点」というのは、鍛錬する機会がほとんどない、という点だと思います。「無理してやる」「ガマンしてやる」という機会がまったくないまま育ってしまうため、大人になってから壁にぶつかったときに崩れやすいと言える。

日本人のほうが精神的にタフです。タフすぎるとも言えます。強いストレスがかかったとき、日本人はポキっと折れるよりも「しなる」という柔軟さで乗り切る術をある程度知っています。それは、「無理してやること」「理不尽と思ってもとりあえずやっておく」という経験や習慣が、ある程度そこに生きているからだと思います。

デンマークの子どもたちが、いくら「自分には価値がある」「誰でも幸せになれる」と大人たちから言われてそれを信じて成長しても、日本的な鍛錬による力とは違います。

しかも、自分に価値がある、必ずうまくいく、という考え方は、人と人との関係が良好に成立していることが前提となります。互いに信じ合える人がいれば挫折も乗り越えられる、ということ。人との相互の信頼関係があったうえで、自分への自信も持てるわけです。その人間関係が崩れてしまったときに、大きな反動が出ることもあります。

デンマークは、家族関係や友人関係を非常に大切にしますが、一方で離婚も多いです。夫婦＋友人で信頼関係を持ち合える世界で生きていたはずが、離婚によって全部崩れて「ひとりぼっち」になったとき、大きなショックを受けるのです。「ぼっち」への耐性は日本人よりずっと弱いと思います。社会的サポートはさまざまに用意されているけれど、精神的なサポートは家族や友人に依存している場合が多いのです。

私は夏の季節に離婚したのですが、それを友人に話すとまず、「クリスマスはどうするの！」と心配されました。私自身は、ひとりでのんびりしようというくらいしか考えていませんでしたが、「クリスマスは家族、友人とともに過ごすのが当然」「ひとりで過ごすなんてものすごく大変なことだ」と考えるのです。私はそう思われることのほうがプレッシャーでした。

友人は「行くところがなかったうちに来てね」と言ってくれるし、コペンハーゲンなどでは家族がいない人たちが自由に集まってクリスマスを祝える場所もありますが、裏返せばそれほどに家族とのつながりの強固さが「当然」という社会なのです。

デンマーク人は、とにかく「孤独」に弱いなと思います。それがもしかすると社会全体の弱さなのかもしれません。

母親が孤立しないためのデンマーク型システム

北村　いくら日本人がデンマーク人より孤独に強いといっても、もちろん日本がデンマークに学ぶべきところは多いと思います。子育ての中で相談する人もなく孤立感を深めてしまうことも多い。逆に孤立を恐れるあまりつき合いたくもないママ友ともつるんでしまい、自分の意見も言えなくなってしまう。それでも「集団でいることで安心感がほしい」ということです。

デンマークの場合、母親が孤立しないよう、近所で妊娠段階の近い人たちが一緒に助産師さんのところに通います。出産後も、その人たちと気軽に会って相談し合えたりできる。

こうした習慣のおかげで、子育ての時期にあまり「ぼっち」で困るということはありません。急な用事がある、体調が悪いなどで預かってもらえるところを探す場合も、このコミュニティにすぐ相談できるからです。また子育ては「母親がするもの」という感じもほとんどなく、助産師さんのところへは母親だけではなく、夫婦で行くことのほうが多い。そういうスタイルは日本でも取り入れられたらいいと思いますね。

梶谷　日本のおかあさんは本当に謙虚だし和を大切にする。それがいいところだけど、謙虚なあまりに自分についても子どもについても卑下してしまう。何か集まりがあれば全員席の後ろのほうにしか座らない。でも、いつも和を大切にして自主的に周囲をきれいにしてくれたりする人も多い。自分たちのそういう控えめな性質も認めて、でも他人の小さな貢献にはちゃんと感謝し合う、ということをいい方向で生かせたらベストですね。

前野　僕自身、個人主義と集団主義にこだわりすぎていたかもしれません。個人主義＝自分勝手、集団主義＝自己犠牲というだけでくくらないほうがいいですね。

アドラーという人は、「他者に貢献する」という観点で集団主義的な部分のよさを、「自己受容」という観点で個人主義的な部分のよさをきちんと認めている。

西洋的個人主義と、東洋的集団主義のはざまにある日本が、うまく取り入れていくべき基本部分はここなのだろうなという点でとても納得できました。

北村　今日は私自身もやもやしていた部分がクリアになって、とてもよかったです。ありがとうございました。デンマーク人の考え方がアドラー的で、かつ仏教的な部分があるということは感じていましたが、共通点や違いの両方を理解しつつ、これからも活動できればいいと思います。今日の対話が、おかあさんやおとうさんと子どもたちにとって、ほんの少しでも役に立てば幸いです。

おわりに

子育て中のすべての方に届けたい本、いかがでしたか。

子育て本は数あれど、アドラー心理学と幸福学に基づいた内容は本書だけ。いつもながら、アドラー心理学の第一人者、平本あきおさんとその仲間たちの考え方は、学びになります。

アドラー心理学とは100年前頃に活躍した心理学者・精神科医のアルフレッド・アドラー（1870〜1937）が明らかにした独特の心理学です。独特なので、役に立ちます。

私は、科学に基づく現代実証主義的心理学の方法論に基づく幸福学の研究者として、コメントをする形で本書に参加しました。

アドラー心理学がなぜ独特かというと、まずは、アドラーの哲学に基づいている点です。当時、心理学は哲学の一分野でした。科学的に分析するというよりも、考えて答えを導く。とはいえ、アドラーは精神科医でもありますので、科学的ではないという意味ではありません。また、当時はコンピュータが存在しなかったので、統計学に基づく心理学があまり発達していなかったという時代背景もあります。

「はじめに」であきおさんが述べているように、アドラー心理学における哲学の基本は、共同体感覚を重視する点です。また、こちらも「はじめに」でも述べられているように、共同体感覚を育むために、自己受容、他者信頼、貢献感が重要である点も強調されます。さらに、これらを実践するための理論として、創造的自己、目的論、主観主義、対人関係論、全体論があり、それを具現化するための技法としてライフスタイル、ライフタスク、勇気づけ、リフレーム、アサーション、早期回想が重要です。

これらについては、平本あきおさんとの共著である前作、『アドラー心理学×幸福学でつかむ！幸せに生きる方法』で詳しく述べましたので、アドラー心理学の学問体系を詳しく理解したい方は、前作も併せてお読みいただければ、本書の理解がさらに進むことでしょう。

本書は、逆に、アドラー心理学の哲学、理論、技法の対応関係にこだわることはせずに、アドラー心理学を駆使して具体的にどんな問題解決をできるのか、そしてそれは幸福学とどのように関連しているのか、にフォーカスをあてたことが特徴です。

声かけ具体例が34も挙げられているのは、実践的ですね。しかも、具体例の多くに「こんな言葉で伝えよう」というまとめがあるのです。そこには×と○がついています。つまり、よくない声かけの例と、よい声かけの例が掲載されています。

「あー、自分も×のやり方をやりがち！」と思い当たる部分もあるのではないでしょうか。そんな場合は、ロールプレイングをしてもらうと効果的です。×の声かけをしている自分を想像してみてください。そのあとで、〇の声かけを想像してみてください。それだけで、脳が学習します。できれば、声に出してやってみてください。そのほうが、脳の学習が進みます。さらにできれば、誰かと複数人で、できれば実際の親子で、それぞれのやり方をやってみてください。脳も学習しますし、ともにその実践を共有体験できますから、よい声かけの練習をするために適切です。親子の関係が、劇的に変わるでしょう。

本書のもうひとつの特徴は、各章の最後に、幸福学から見たポイントを述べた点です。アドラー心理学を基盤とする平本あきおさんの考え方が、実証主義的な現代心理学から見ても適切かつ有効であることを、私の視点から述べています。ときには恥ずかしながら私個人の事例も載っていますのでお楽しみください(笑)。

さらに、巻末には「デンマークの幸せな子育てに学ぶ」という座談会も載っています。この中では、東洋的(アジア的)視点と西洋的(欧米的)視点との対比という概念も出てきて興味深いので、日本の教育はこれからどこへ行くべきか、という視点も含めて、ぜひ考えてみてください。

ここで、本書からの発展として、教育の未来と世界の未来について述べたいと思います。

学習指導要領が、幼稚園、小学校、中学校、高校と順次改定されました。２０２２年が高校の改定の年。これから大学入試改革も行なわれ、教育全体が大きく変わります。どのように変わるのでしょうか。学習指導要領の基本は、「主体的、対話的な深い学び」です。つまり、子どもたちが主体的、対話的に深く学ぶことが目指されることになります。詰め込み型教育ではなく、主体的、対話的な学びへ。偏差値一辺倒の入試ではなく、多様な能力を持つ者を選ぶ入試へ。遅ればせながら、日本の教育も、現代的な教育へと、抜本的に改革されつつあるのです。

しかも、幸福学研究者である私から見ますと、「主体的、対話的な深い学び」は「幸せな学び」に見えます。主体的な人は幸せです。対話を重ねて相互理解する人は幸せです。記憶重視の浅い学びよりも、じっくりと意味を理解して実感する深い学びのほうが幸せです。つまり、現在進行中の教育改革は、幸せな教育への改革なのです。

そして、もちろん、アドラー心理学から見ても、「主体的、対話的な深い学び」への変革は、よりよい教育への変革です。主体的であることを認めようとするのがアドラーの主観主義。対話をして共同体感覚を育むのがアドラーの哲学。深く学ぶことが自己受容、他者信頼、貢献感を高めることも明らかです。

つまりこの本で述べたような子育てをさまざまな教育に拡張することが、現在行なわれている教育改革なのです。本書を通して得た知見を活用して幸せな子どもを育てることは、新時代の教育に適応できる子育てであるともいえるでしょう。

さらに言うと、これからの時代はウェルビーイング時代になります。

本書を通して、自立した幸せな子どもを育てることは、ウェルビーイング時代を生き抜く子どもを育てるということでもあります。

なぜ、これからはウェルビーイング時代になるのでしょうか？

簡単に説明すると、産業革命以来２００年以上、経済成長第一の世界でした。自由主義・資本主義とは、要するに、「みんなが自分勝手にやっていれば結果として世界は発展するだろう」という仮定に基づく社会システムでした。確かに発展はしました。しかし、格差が拡大し、環境問題は待ったなしになり、戦争や紛争は止められず、パンデミックが起こり、民主主義国家に属する人の数が強権国家に比べて少なくなるという、現代社会の危機がやってきました。

これから、世界中の危機を解決する方法はただひとつ。世界人類は共同体だ、と考えるしかありません。みんながみんなのことを考える貢献感を持ち、自分を信じ、みんなを信じ、みんなで主体的・対話的に生きていくしかありません。つまり、ウェルビーイングな世界です。

本書で伝えたい子育ては、これからのウェルビーイング第一の世界を切り拓く子どもたちを育てるということでもあるのです。そんな大局観から見ても、みんなに読んでほしい本です。子育て中のすべての方に届けたい本、いや、すべての人に届けたい本です！

最後に謝辞を述べます。

この本を読んでくださったすべての方に感謝します。本書が少しでも役に立つことによって、すべての方が、幸せな子育てをできますように。

共著者である平本あきおさんと、あきおさんのチームの中田久美子さん、星野由紀子さん、本書に登場してくださった梶谷希美さん、武田靖子さん、ニールセン北村朋子さんにも感謝します。ありがとうございます。妻のマドカも参加していますね。ありがとうございます。みなさんの思いが、多くの方に伝わりますように。

ワニ・プラス編集部の宮﨑洋一さん、小幡恵さん、いつもありがとうございます。皆様のおかげでいい本になりました。この本が多くの方に届きますように。

そして最後に、これまで、多くの私の対談本の制作に携わっていただいたライターの故・古田靖さんにも心からの感謝の気持ちをお伝えします。古田さんは本書をまとめている最中に突然旅立たれました。「これはいい本になるよ～」とおっしゃっていた古田さんの声が聞こえてくるようです。古田さんが天国で「やっぱりいい本になったな～」と喜んでくださっていますように。アドラー先生と、本書について熱く語り合ってくださっていますように。

２０２２年12月

前野隆司

平本あきお（ひらもと・あきお）

メンタルコーチ

1965年生まれ。米国アドラー大学院修士号取得、東京大学大学院教育学研究科修士号（臨床心理）取得。「人が幸せになる、科学的で体系的な方法」を41年間探究し続け、世界中のカウンセリング、コーチング、瞑想を統合し、包括的で再現性のあるオリジナルメソッドを開発。大学卒業後、病院での心理カウンセラーや福祉系専門学校の心理学講師を歴任。1995年阪神・淡路大震災で両親を亡くしたことを機に、一念発起して渡米。アメリカでは小学校や州立刑務所、精神科デイケアなどに、コーチングを初めて導入。2001年ニューヨークテロ直後、日本に帰国し起業。オリンピック金メダリスト、メジャーリーガーなどのトップアスリートや有名俳優、社会起業家や企業経営者をコーチング。産業、医療福祉、教育、政治、スポーツ、芸能など各業界のリーダーや起業家もサポートし、約10万人の研修実績を誇る。著書に『引き出す力』［山﨑拓巳との共著］（ビジネス社）、『フセンで考えるとうまくいく』（現代書林）などがある。

前野隆司（まえの・たかし）

慶應義塾大学大学院システムデザイン・マネジメント研究科教授、ウェルビーイングリサーチセンター長

1962年生まれ。東京工業大学理工学研究科機械工学専攻修士課程修了後、キヤノン株式会社でカメラやロボットの研究職に従事したのち、慶應義塾大学教授に転ずる。ロボット工学に関連した人工知能の研究途上で、人間の意識に関する仮説「受動意識仮説」を見いだす。現在はヒューマンインターフェイス、ロボット、教育、地域社会、ビジネス、幸福な人生、平和な世界のデザインまで、さまざまな研究をおこなっている。著書に『無意識の整え方─身体も心も運命もなぜかうまく動きだす30の習慣』『無意識と対話する方法』［保井俊之との共著］『古の武術に学ぶ 無意識のちから』［甲野善紀との共著］『無意識がわかれば人生が変わる』［由佐美加子との共著］『サイエンスとスピリチュアルのあいだ』［天外伺朗との共著］（以上ワニ・プラス）、『脳はなぜ「心」を作ったのか』（筑摩書房）、『ウェルビーイング』（日経文庫）などがある。

アドラー心理学×幸福学が教える
子どもが一瞬で変わる「言葉かけ」

2023年2月10日　初版発行

著　者　平本あきお　前野隆司
発行者　佐藤俊彦
発行所　株式会社ワニ・プラス
〒150-8482
東京都渋谷区恵比寿4-4-9　えびす大黑ビル7F
電話　03-5449-2171(編集)
発売元　株式会社ワニブックス
〒150-8482
東京都渋谷区恵比寿4-4-9　えびす大黑ビル
電話　03-5449-2711(代表)

ブックデザイン　前橋隆道　千賀由美
編集協力　古田靖
協力　中田久美子
印刷・製本所　中央精版印刷株式会社

 ISBN978-4-8470-7209-3
ワニブックスHP　https://www.wani.co.jp